いまの技術で確実に10打縮まる!

ゴルフ コース戦略の㊜セオリー

永井延宏

青春新書
PLAYBOOKS

プロローグ
「コース戦略」は100切り前後のアマチュアにこそ必要

〝コース戦略〟という言葉を聞いて、あなたはどんなことをイメージしますか？

「まだ狙ったところにも打てないのに、そんなの必要なの？」

「どういう状況でも、まっすぐ打てればそれでいいんじゃない？」

などという人も多いと思います。

でも、ティグラウンドのどこに立って、どこを向いて、どこに打つかをしっかり考えてプレーすることは、上級者はもちろん、むしろ初心者にこそ重要なスキルであり、スコアアップのためには絶対に必要なことなのです。


５ページのイラストを見てください。これは、某カントリークラブにあるパー3のショートホールです。

「ホールA」はOUTの3番、「ホールB」はINの15番です。珍しいことに、このコースの3番と15番のレイアウトは左右が反転しているだけなのです。

そこで本書を手に取ったあなたへ、私から一つ質問をします。

あなたが右打ちのプレーヤーだと仮定した場合、「ホールA」と「ホールB」、どちらが難易度の高いホールでしょうか？　無風で、距離やピン位置、グリーンの傾斜などの条件はすべて同じとして考えてください。

「こんなの簡単！」

と答えがすぐにわかった人は、普段のプレーにおいて、コース戦略に人一倍気を使っている方でしょう。また、コース戦略を実践することが、スコアにどれほどの影響を与えるかについてもご存じのはずです。

「どっちと言われても……。両方とも手前が池だし、難しさに差はないんじゃない？」

こう考えた人は、コース戦略の重要性だけでなく、ゴルフというゲーム自体をそもそもわかっていないといえます。

だからといって落胆することはありません。私のレッスンに通ってくださる多くのアマ

どちらが難しいホールか？

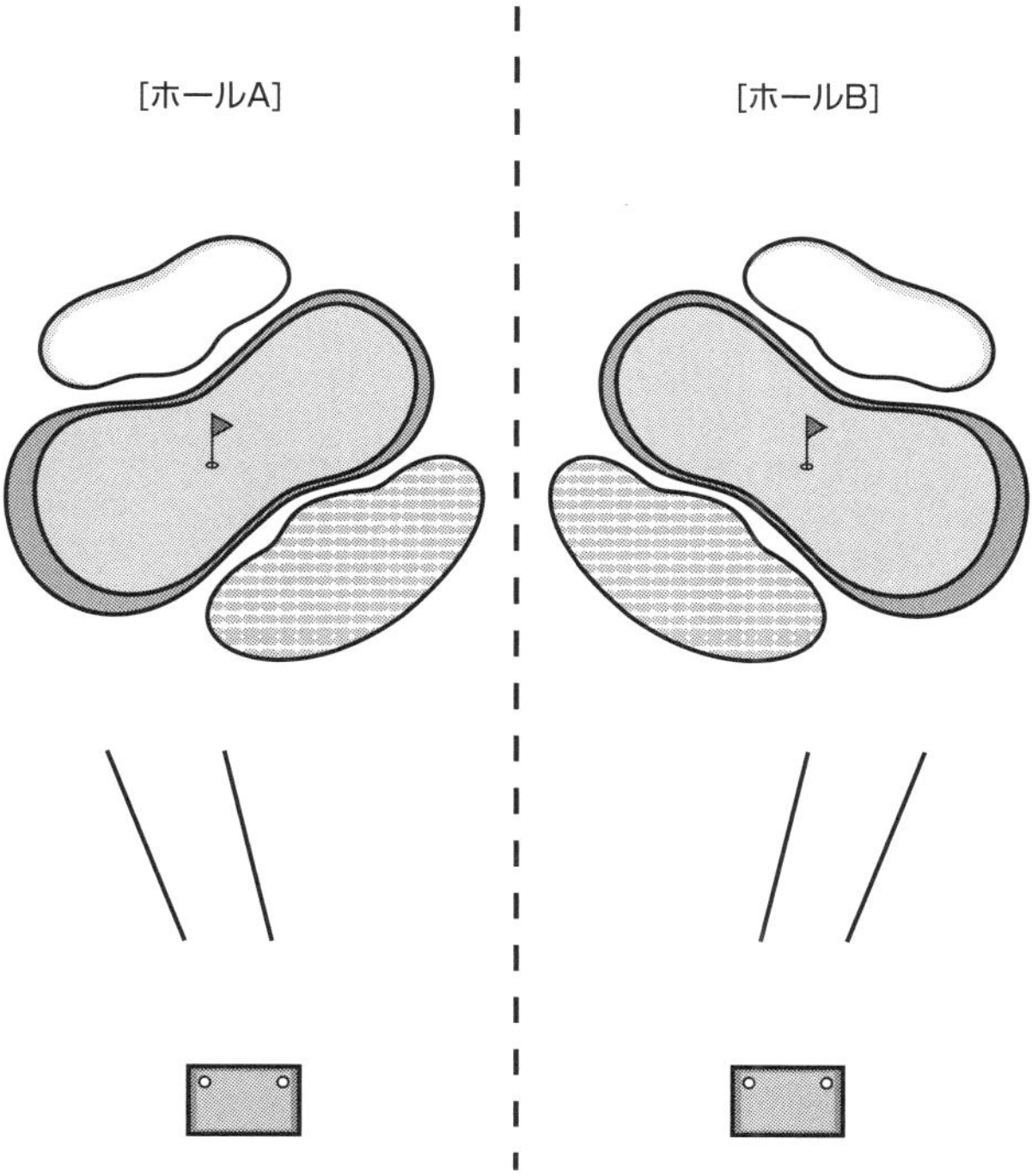

チュアゴルファーのみなさんも、当初はまったくと言って差し支えないほど、コース戦略の知識はありませんでした。

それればかりか、シード権のあるトーナメントプレーヤーの中にさえ、コース戦略と呼べる明確な知識や理論、哲学を持っていないプロもいるのです。

私も以前はそのようなコース戦略など持っていませんでした。しかし、1963年から6年連続でマスターズに出場、また全英オープンやW杯にも出場し、ダウンブローで一世を風靡した陳清波プロと出会い、そのときに、後で紹介する『BOX理論』の礎となる〝コース戦略〟を学んだのです。

その後、ベン・ホーガンのビデオで研究することや、USオープンに出かけてトッププロを観察したり、タイガー・ウッズやアニカ・ソレンスタムが来日した際のプレーぶりを見ているうちに、世界のトッププレーヤーたちも、陳清波プロから授かったコース戦略を基準にしていることを確認、発見したのです。さらに、ゴルフ以外のスポーツの理論や戦術をも学び、陳清波プロのコース戦略論にそれらを加えることで、『BOX理論』というオリジナルの〝コース戦略法〟を完成させました。

このＢＯＸ理論を、私が指導した何人かのトーナメントプロをはじめ、プロを目指す若いゴルファー、レッスンに通ってくださる多くのアマチュアゴルファーのみなさんに現在もレクチャーしており、よい結果、よい成績の助けとなっています。

また、テレビ観戦をしていても前述したタイガー・ウッズをはじめ、フィル・ミケルソン、アーニー・エルス、ビジェイ・シンといった世界のトッププロが、ＢＯＸ理論の考え方と同じコース戦略法を使って、ツアーを戦っているように思われます。

世界のトッププロが実践しているなどというと、ＢＯＸ理論は難しいものと思うかもしれませんが、そうではありません。１００切りを目指すというレベルのゴルファーにも十分役立ちますし、当然、いわゆる「５下」「３下」を目指すようなシングルプレーヤーにも、ワンランク上のレベルを望む中級者にも役立ちます。

つまりＢＯＸ理論は、すべてのゴルファーのスコアアップ＆レベルアップの助けとなるコース戦略法であり、本書では、どうすればＢＯＸ理論を使ってプレーできるようになるかを紹介していきます。

最初に出したAとBどちらのホールが難しいかという問題ですが、正解はAです。なぜそうなのかは、本書を読み進めてコース戦略がいかに大切か、BOX理論とはどういうものなのかがわかれば自然に理解できるはずなので、ここでは説明しません。

BOX理論という強力なツールを学んで、スコアアップだけでなく、コースを攻略するという新たなゴルフの楽しみを手に入れましょう！

ゴルフ　コース戦略の超セオリー　**目次**

第4章　スコアアップに直結する「BOX理論」の使い方　103

第6章　実践！　コースラウンド&卒業試験　179

ディレクション　角田柊二（メディアロード）
編集　宮川タケヤ
本文ＤＴＰ　ディーキューブ
イラスト　中川航
取材協力　セントラルゴルフクラブ

永井延宏 official website
http://www.deepingolf.com

第1章

ミスしてもスコアが落ちない本当のコース戦略とは

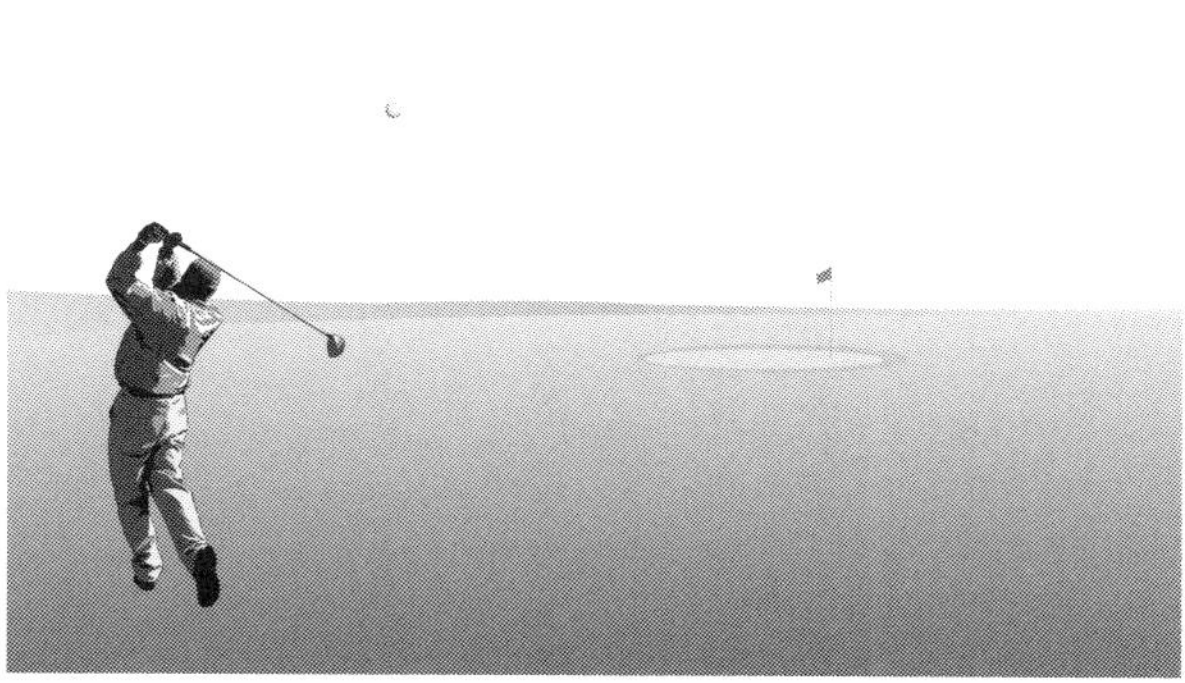

〝戦術〟と〝戦略〟はどう違うのか？

ゴルフでは〝コースマネジメントが大切だ〟とよくいわれます。

雑誌やトーナメントのテレビ中継でも、「コースマネジメント」という言葉がよく使われるので、ご存じの方も多いはずです。

「マネジメント」を辞書でひくと「管理」となっていますが、ゴルフで「マネジメント」といえば、なんとなく意味はわかるでしょう。

コースのレイアウト（デザイン）や芝のコンディション、風向きなどのさまざまな状況をふまえたうえで、どんな球を打てばよいのかを自分で考え、そしてその考えに基づいてプレーしていくことです。

しかし本書では、読者のみなさんにより理解を深めていただくために、コースマネジメントという言葉の代わりに、「コース戦略（＝コースストラテジー）」という用語を使っています。

コースリーディング術

プレーするホールがプレーヤーに
何を要求しているかを読む方法

↓

ショットメイキング術

ホールの要求に応えるには、どんな
ボールを打てばよいかを考える方法

↓

ゲームメイキング術

上記の二点をふまえて、自分が主導権を握ってゲームを
進めるにはどうすればよいかを考える方法

戦略とは「戦うにあたっての大局的な準備、計画、運用方法」のことです。

そして、戦略を実現するための具体的な手段が、「戦術（＝タクティクス）」ということになります。

本書で紹介する「ＢＯＸ理論」は、コースを読むための「コースリーディング術」と、その結果どんなショットを打てばよいかという「ショットメイキング術」を統合したものといえます。そしてＢＯＸ理論を使いこなしながら、18ホールをどういう流れでプレーしていけばよいかという「ゲームメイキング術」へと発展していきます。

コースを正しく読めば次のショットは自然に決まる

ＢＯＸ理論には三つの要素がありますが、これに優先順位をつけると、まず一番大事なのが〝コースリーディング術〟で、ＢＯＸ理論の核となる部分です。

コースリーディングという言葉を初めて耳にする方も多いかと思いますが、他のさまざまなスポーツでは「ゲームリーディング」、つまり「試合の流れや勝負の分岐点を読む」というような使われ方をしています。

しかしＢＯＸ理論でコースリーディングといった場合は、これからプレーするホールを読み、分析することを指します。

たとえばバンカーなどのハザードはどこにあるのか、フェアウェイの右左ではどちらが広いのか、グリーンの位置とティグラウンドの位置関係はどうなっているのか、風向きや強さはどうかなど、ホールレイアウト（ホールデザイン）についての読みや分析をしていくのです。

コースリーディングとは、ホールを読み、分析すること

コースリーディング術によって得られた情報をもとに、次にどんなショットを打てばよいかということが決まるため、これをおろそかにするとコース戦略そのものが崩れてしまいます。

さらに、戦術は戦略を実現するための具体的な手段なので、コースリーディングの仕方を間違うと、戦略自体が崩壊して行き当たりばったりのゴルフ、出たとこ勝負のゴルフになってしまいます。

とはいえ、ゴルフでは「結果オーライ」なショットやプレーがよくあります。でもそれが何度も続かないということは、あなたもご存じでしょう。

ホールはあなたに語りかけている

次に重要なのは〝ショットメイキング術〟です。コースリーディングをしてホールを分析すると、どんな球筋で、どの程度の距離を、どこに打てばよいかが決まるので、その分析結果にのっとってボールを打つことがショットメイキング術です。

つまり「ホールはどんな球を要求しているのか？」ということを読む力がとても重要であり、またホールが要求している球を打つ技術も必要になってくるのです。

たとえば、ティグラウンドに立ってホールを分析してみると、このホールはティショットでドローボールを要求していることがわかるとします。

そうしたら、たとえあなたがスライサーであるとしても、ドローボールを打つ必要があるのです。

このようにいうと、

「ゴルフを始めて十年以上だけど、ドローなんて打てないよ」

ショットメイキングとは、ホールがどんな球を求めているかを読んで、その要求に応える球を打つこと

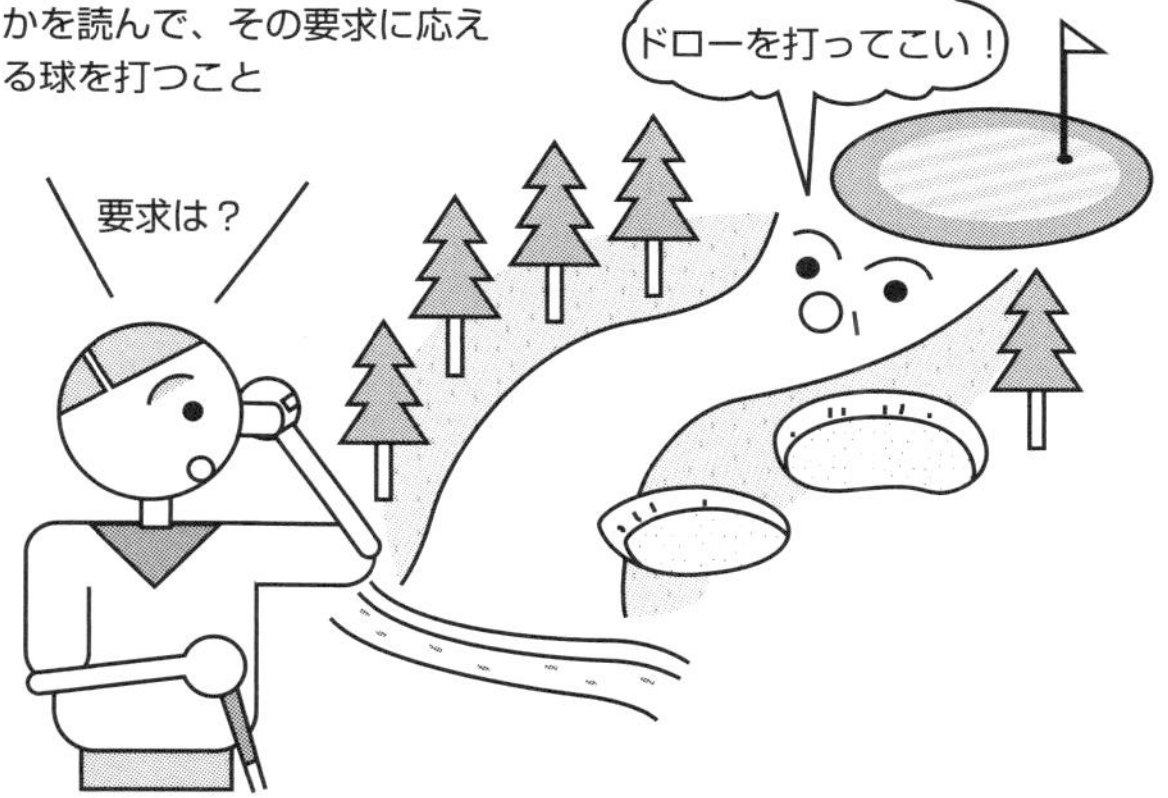

という方も多いことでしょう。その場合、自分の技術を向上させてドローボールが打てるように努力します。

もしくは、ドローボールの出やすいクラブを選択してティショットに臨むという方法もあるでしょう。

この二つの選択肢から、自分に合ったものを選ぶことになります。

要するに、無理矢理コースをねじ伏せるようにショットするのではなく、ホールや自然の声を聞いたうえで、〝いかにホールと融和できるか〟というメンタルと技術の統合が、ショットメイキング術なのです。

ゲームの組み立てがスコアを左右する

ＢＯＸ理論の最後の要素は〝ゲームメイキング術〟です。ゲームメイキング術は1ラウンド（18ホール）を、どうプレーしていけばよい結果につながるか、つまりどうゲームを組み立てればよいかの指針になるものです。

ゲームの組み立ては1ホール4打（パー3なら3打、パー5なら5打）を基準に行い、どうしたら4打で上がれるか、つまりパーが取れるのかを考えていくのです。

イメージとしては、野球のピッチャーとキャッチャーが、バッターを三振に取るためにはどんな配球をすればよいか考えるのに似ています。またアメリカンフットボールなら、4回の攻撃をどうプレーすれば、ファーストダウン（攻撃権の更新）が取れるのかを考えるのと同じニュアンスです。

たとえば、最高のティショットが打てたからといって、その余韻に浸ったまま、グリーン周辺の状況をしっかり把握せず、セカンドショットでピンをデッドに狙うというのは、

ゲームメイキングとは、野球なら三振を
取るために配球を考えるのと同じこと

組み立てとはほど遠いものです。
　また、ホールを分析してその要求に応える
ショットを打つのがＢＯＸ理論の基本なので、
「ティショットがよかったから、セカンドも
狙ってみるか」という自分本位のプレーは論
外です。
　これでは、キャッチャーが分析したデータ
に基づいてスライダーのサインを出している
のに、ピッチャーがそれを無視してストレー
トを投げるようなものです。時にはサインに
首を振ることもありますが、それでも〝組み
立て〟という下地があってのことです。
　組み立ての大切さは、当然、ゴルフにも当
てはまります。

なぜナイスショットがスコアに結びつかないのか

ここまでＢＯＸ理論がいったいどういうものなのか、そのポイントとなる部分を紹介しましたが、ここではなぜコース戦略が大切なのかについて解説していきます。

私はアマチュアの方々を対象にしたレッスンも行っていますが、レッスンに来てくださる生徒さんの中には、回を追うごとに目を見張るほどスイングが良くなり、すばらしいショットを打つようになる人が大勢います。教えている私が言うのも何ですが、「○○さんはスキルアップしたな」と自信をもって言えるほどの生徒さんが、それこそたくさんいるのです。まさにコーチ冥利に尽きる、とてもうれしいことです。

生徒さん自身も、今までの自分の弾道と違うことがハッキリとわかるため、「今度コースに出るのが楽しみ」と口をそろえます。ところが、そんな生徒さんたちからラウンドの報告を受けると、一様に、

「スコアは全然ダメでした。スイングは良くなっているのに、どうしてでしょう?」
というのです。

当初は不思議でなりませんでしたが、その謎はラウンドレッスンで解明されました。練習場でのレッスンでは気づきませんでしたが、一緒にコースに出てみると、ほとんどの生徒さんが〝コース戦略〟という大事なものを持っていなかったのです。

次ページのイラストは、ごく一般的な月イチゴルファーであるAさんの例です。ゴルフ歴10年、過去に数回１００を切ったことがありますが、平均スコアは１０５。持ち球はスライスですが、曲がり幅はそれほど大きくありません。

Aさんのティショットは軽いスライスでフェアウェイのほぼ中央へ。セカンドはピンまで残り１１０ヤード。ピン位置はほぼグリーンセンターです。グリーンの左側約10ヤードのところには池があり、奥にはバンカーがあります。右側にハザードはありません。

９番アイアンを持ったAさんは、何の迷いもなくピンを狙いました。しかしAさんは持ち球がスライスなので、コースでは無意識のうちに、その分を見越してターゲットラインよりやや左を向くクセがあるようです。

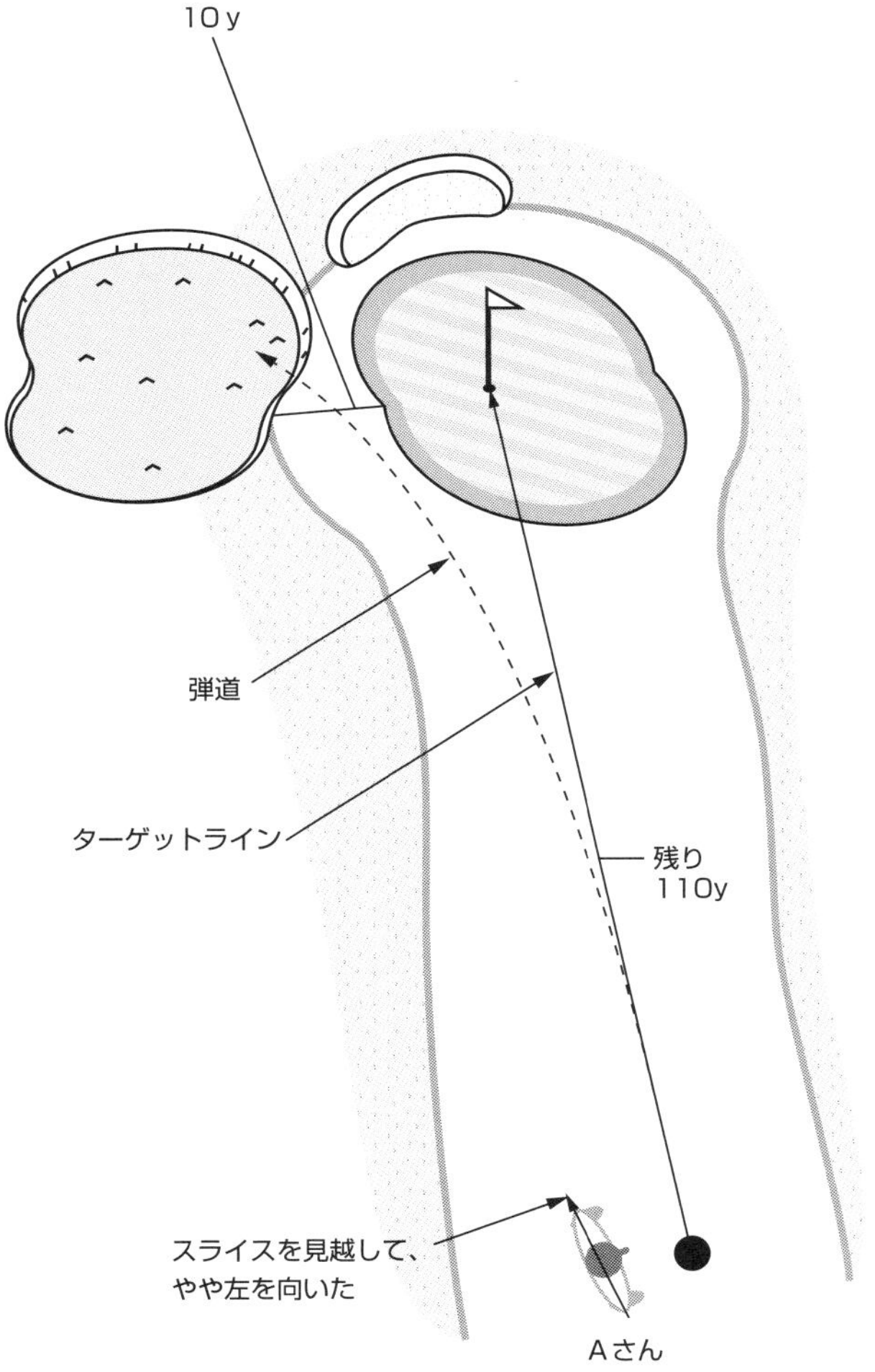
10y
弾道
ターゲットライン
残り
110y
スライスを見越して、
やや左を向いた
Aさん

バランスのよいスイングからすばらしいショットを繰り出しましたが、ボールはやや左に飛び出し、無情にも池の中へ……。

Ａさんは落胆しましたが、それも当然です。なぜなら、残り１１０ヤードの距離に対して、Ａさんのヒッカケは左に約10ヤード。１１０ヤードの10％以下のミスが直接１ストローク失うことにつながったのですから、落胆して当たり前です。

トッププロの場合、距離に対して10％のミスは許容範囲外ですが、アマチュアなら許容範囲内だといえます。

つまり、１１０ヤードの距離に対して11ヤードのブレは、ミスのうちには入らないのです。言い方を変えれば、Ａさんはミスショットをしていないのに１ストロークを失ってしまったのです。落胆したＡさんは言いました。

「右肩が突っ込んで、フェースがかぶっちゃいましたね……」

「かぶったなんてとんでもない。いいスイングでしたよ」

彼のアドレスの向きとスイングを後ろから見ていた私がそう言うと、Ａさんは不思議そうな顔をしていました。

ミスの原因はスイングだけではない

この例で、あなたはAさんのどこがいけなかったのか、なぜ池に入れてしまったのかわかりますか?　実はアマチュアの多くが、このときのAさんのようなミスを何度も繰り返しているのです。

ボールが池に入った最大の原因は、Aさんの〝アドレスの向き〟にあります。そしてもう一つ、Aさんが〝クラブの特性〟をよく知らなかったことが挙げられます。

まずは、ホールのレイアウト、残りの距離、ハザードの位置、ピンポジションなど、さまざまな条件をふまえた〝コースリーディング〟が必要なのに、それができなかったために、間違った方向にアドレスをとってしまいました。

さらに、ショートアイアンやウエッジは左に飛びやすいというクラブの構造上の特性を知らなかったために〝ショットメイキング〟ができず、池の中へとボールを打ち込んでしまったのです。

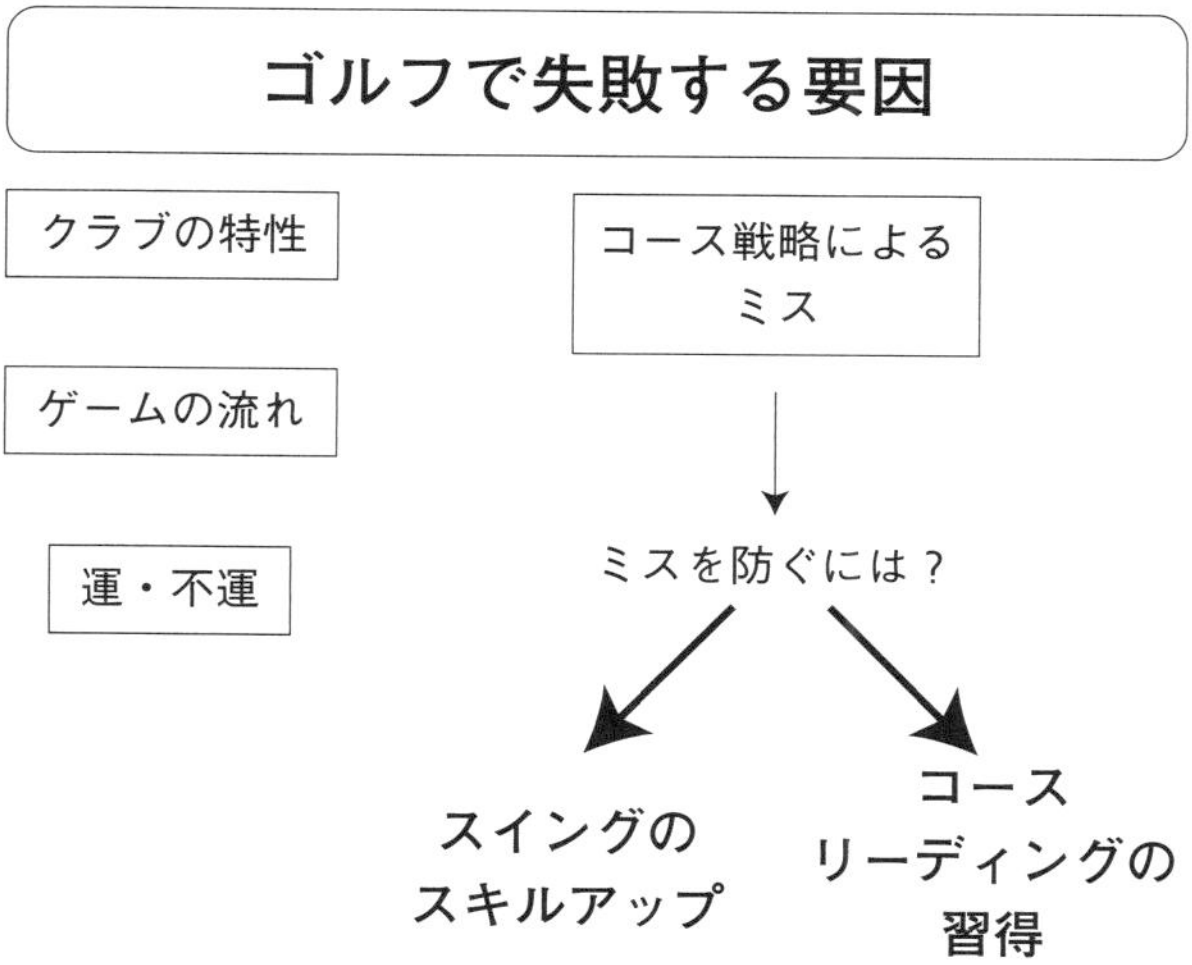

これはアマチュアに限りませんが、ゴルファーは「ミスショットの原因はスイングにある」と思いがちです。もちろんその場合も多分にありますが、よい感触で打ったボールが池や林に入ってしまったという経験は、あなたにもあるはずです。

〝ミスショットではないのにストロークを失う〟というのは、非常にもったいないプレーです。コース戦略は、スイング以外の部分でストロークを失わないために、とても大切な要素なのです。

もしAさんがコース戦略を知っていて、コースリーディングができていたら、セカンドショットで池に入れてしまうことはなかったでしょう。逆にいえば、知らないからこそ、ゴルフ歴は長いのに平均スコアが１０５でとどまってしまっているのです。

Ａさんと自分の姿が重なった人は、コース戦略、コースリーディングを習得することによって、必ず驚くほどスコアが縮まります。

第2章

アマチュアに多い「対角線理論」の間違い

コース戦略は100切り前後の人にこそ必要

第1章ではBOX理論の概要とコース戦略の重要性をお話ししましたが、ここではその核となる〝コースリーディング〟について、さらに理解を深めていきます。

具体的な方法の前に、まずは「心構え」について。

技術レベルに関係なく、ほとんどの方はコース戦略が大切だということはご存じです。しかし先ほどのAさんと同様、コース戦略とはどんなもので、どんな手段を講じていけばよいのかという具体的なことについては知りません。要するに、大部分の人にとってコース戦略は観念的なもので、だからこそ、

「まともにまっすぐ打てないオレに、コース戦略なんて無用の長物だ」

と考え、ミスショットの原因はすべてスイングにあると結論づけてしまいがちです。しかし、コース戦略というのはプレーヤーの技量の問題だけではなく〝いかにコースから打たせてもらうか〟という、ある種メンタル的な要素も多分に含まれているのです。

謙虚な気持ちでコースと向き合い、その気持ちのままコースを眺めると、どんな球筋で、どこに打てばよいかということが見えてくるのです。

このようにいうと、「コースに対してへりくだれってこと?」なんて思う方がいるかもしれませんが、そうではありません。「攻めるときは攻める、守るときは守る」という姿勢でよいのです。「コースをねじ伏せてやる!」といった自分本位でごう慢なプレーは、決してコース戦略とはいいません。

コースと〝融和〟しようと努めることがコース戦略であり、実際にワールドランキングの上位に位置するトッププレーヤーたちは、みんなこういう気持ちでプレーしています。

数年前、USオープンを現地で観戦したときのこと。1番ホールのティグラウンドで、トッププロたちのティショットを観察していました。当たり前ですが、トッププロにもそれぞれ持ち球があり、ドローヒッターもいれば、フェードヒッターもいるわけです。

しかし持ち球とは関係なく、この1番ホールではみんなドローボールでフェアウェイ左サイドを狙って打っていました。名前を言えば誰にでもわかるフェードヒッターの選手は、ドライバーではドローが打てないと判断したらしく、3Wを使って打っていきました。

ところが、名前も顔も知らない無名の選手に限って、フェードボールで狙いどころもフェアウェイ右サイドに打っていくのです。ちなみに、このホールは緩い右ドッグレッグで、フェアウェイの傾斜は左から右。ドッグレッグのコーナーに打つのがピンまでの最短距離となります。

つまり、トッププロはみんな同じようにコースを読み、同じような球を打っていこうとしていました。コースリーディングによる分析結果が一緒ということですね。

これこそが〝コースとの融和〟であり、融和しようという気持ちがあるため、最短距離を狙うのが最善というあさはかなプレーは基本的にしません。

そのため、無理なくコースを攻められるのでストレスが減ります。このコースや状況にフィットしないショットが生むストレスこそプレッシャーの原因なのです。

要するに、コースリーディングを行って、ホールに対して融和していこうという気持ちがメンタルに余裕を生み、それがゲーム運びはもちろんのこと、コース戦略自体にもよい影響を与えるのです。したがって、コースと融和できないゴルファーは、たとえどんなに優れた技術を持っていても、結果的にはスコアにつながらないのです。

対角線理論はなぜコースと対立するのか

自分本位なプレーはコースと融和できないとお話ししましたが、アマチュアのみなさんがコース戦略の主流、もしくは定番だと思っている方法にもその傾向があります。


「スライスする人はティマークの右側にティアップしたほうがよい」

「フックする人はティマークの左側にティアップしたほうがよい」

というような格言（？）を聞いたことはないでしょうか。

また、プレー中にキャディさんから、

「このホールはフェアウェイの左側が狙い目ですよ」

といわれて、ティマークの右側にティアップし、左を向いてアドレスする人も多いはずです。


要するに、これらは〝ターゲットに対して斜めに構えて打つ＝対角線に狙う〟ということで、『対角線理論』と呼ばれています。これはいつの間にかゴルファーの間に深く浸透し、コース戦略の主流と考えられています。

では、なぜ主流と考えられている対角線理論がコースと融和できないのでしょうか。

その理由は〝斜めを向く〟という点にあります。斜めを向くというのは、ホールに対しても、スイングプレーンに対しても、クラブという道具の特性に対しても矛盾だらけなのです。この矛盾は私が多くのプロとアマチュアにティーチングして、そのデータを検証した結果わかりました。

ゴルフのスキルをアップさせるには、スイングと同じかそれ以上に、ターゲットに対する〝カラダの向き〟が重要なのです。

私がプロにティーチングするときは、スイングのメカニズムを直すことはもちろんですが、コースに対するアドレスの向きをよくすることに多くの時間を費やします。BOX理論を理解してターゲットへの向きがよくなると、私がスイングを見なくとも、勝手にスイングがよくなっているプロがほとんどだからです。

なぜなら、BOX理論はコースに対しても、クラブの特性に対しても、スイングに対しても整合性が高いため、おのずと〝融合するプレー〟ができるようになるのです。

その例をいくつか紹介しましょう。私はステディなプレーが持ち味でツアー2勝のAプロにBOX理論をレクチャーしました。そして、そのシーズン終盤、彼はダンロップ・フェニックスに出場しました。

フェニックスカントリークラブは狙い所が非常に狭く、プロの間でもアライメントのとり方（＝体をどこに向けるか）がとても難しいといわれています。しかしAプロは、BOX理論を使って優勝争いに加わり、最終日には最終組でプレーしました。

惜しくも優勝は逃しましたが、プレー後、

「このコースで今までにない、いいプレーができた」

と私に話してくれました。

また、日本のトッププロの一人であるBプロにレクチャーしたときのこと。彼は自分のスイングのメカニズムには自信をもっていましたが、コース上でのアドレスの向きがどうしても決まらないと悩んでいました。レクチャーをすると、

「これなら一生曲がらない！」

と感激し、事実、その年の終盤戦で3連勝を挙げました。

Aプロも Bプロもトッププロなので、スイングに関してはそれこそ最高のものをもっています。しかし、一見単純な〝向き〟という点に関しては悩みがあり、そこをBOX理論で修正したことで、プレーそのものがレベルアップしたのです。

このことからも、BOX理論がどれほどの効果を発揮するか理解いただけるでしょう。

スキルアップにつながらない対角線理論

コースと融和するにはコースリーディングが大切だとお話ししましたが、結局のところ、「コースリーディング＝コース戦略」なのです。コースリーディングを行ってホールを分析した結果に基づいて、どの番手のクラブを持ち、どんな球筋で、どこへ打つかを決めればよいのです。

このことからもわかるように、コースリーディングがあってショットメイキング（どのクラブで、どんな球筋を、どこへ打つか）が成り立ち、この積み重ねがゲームメイキング

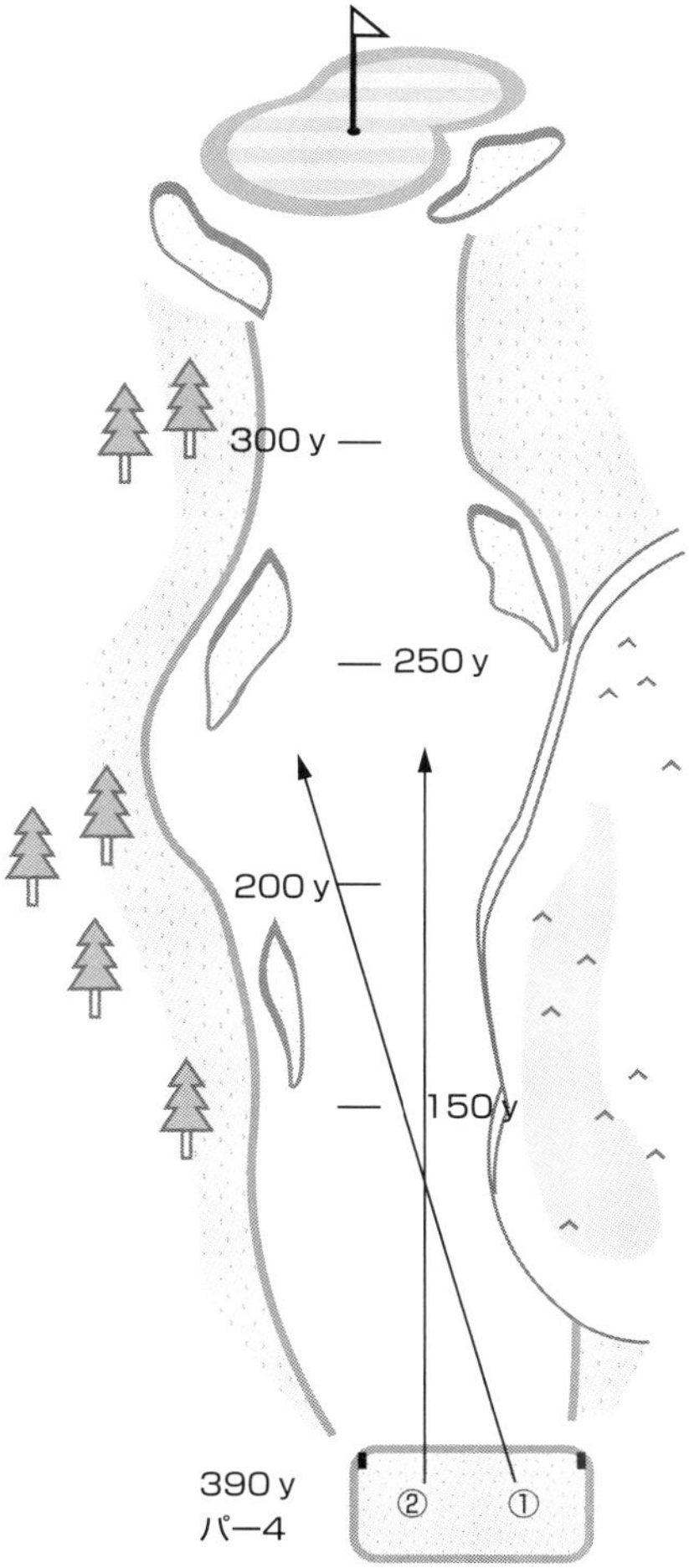
300 y
250 y
200 y
150 y
390 y
パー4
②
①

になるのです。

前ページのイラストを見てください。いまあなたはこのホールのティグラウンドで、ティショットに備えてコースリーディングをしています。その結果、このティショットでもっとも重要なのは、ビッグドライブを放つことではなく、２００ヤードでいいので確実に右の池を避けて打ち、フェアウェイ中央～左をキープすることだと分析しました。

持ち球は基本的にスライスで、平均飛距離は２３０ヤードです。こんなとき、あなたはどうしますか？　次の二つから、これだと思うものを選んでください。

①ドライバーでドローは打てないので、ティグラウンドの右側にティアップし、２５０ヤード付近左側にあるクロスバンカーを向いて、持ち球のスライスでフェアウェイ中央を狙う

②ティグラウンドの左側にティアップし、５Ｗを持ち、ドローをイメージして、ふだん通りにスイングする

BOX理論ではスイングプレーンが常にコース内を向いている

対角線理論ではスイングプレーンがコース外を向いている

このケースではたいていの人が①を選択するでしょう。その理由は、持ち球がスライスなので、右側にティアップしてフェアウェイ左サイドを狙えば、池に入れる心配もありませんし、２００～２３０ヤード地点はフェアウェイが広くなっているので、スライスすると、ちょうどフェアウェイ中央にボールを置くことができるからです。『対角線理論』によるこのような狙い方（戦術）は、一般的にもっとも普及しています。

ＢＯＸ理論を使う場合、先ほどの問題では②が正解になります。その理由は５Ｗのクラブ特性にあります。５Ｗ以下のいわゆるショートウッドは、つかまりがよく、ボールが左に飛びやすい性質を持っています。そのためスライサーでも球がつかまり、ドローボールが出やすいのです。

仮に球がつかまらずにスライスして池に入れた場合、ＢＯＸ理論では「コース戦略に対して、プレーヤーの技量が伴っていない」と結論づけます。つまりＢＯＸ理論というコース戦略によって、池に入れてしまったプレーヤーは技術のスキルアップをしなければいけない、という答えが導き出されるのです。

対角線理論では、打つ前から「オレはスライサーだから……」という、ある意味後ろ向きな思考でプレーを進めるため、コース戦略が技術のスキルアップに結びつきません。

また、スライスせずに会心のストレート弾道のショットが打てた場合、結果はよくてクロスバンカー、悪ければラフ、もしくは飛びすぎて林になります。

ゴルファーのほとんどは、ストレートなボールを打ちたいと願いつつもスライスに甘んじています。しかしこのケースでは、ノドから手が出るほど欲しいと思っているストレートボールを打てたのに、結果としてはミスショットになってしまうのです。

これって、ちょっとヘンじゃないですか？

ゴルフはピンに向かってボールを打つゲーム

ＢＯＸ理論と対角線理論を比較した場合、決定的に違うところがあります。それはＢＯＸ理論ではスイングプレーンがコース内を向いているのに対し、対角線理論ではスイングプレーンがコース外（ＯＢの方向など）を向いているという点です（43ページ写真参照）。

ゴルフは、ピン（ホールカップ）という目標に向かってボールを打っていくゲームです。ホールのレイアウトがどんなに複雑でも、必ずピンはホールの行く末にあります。目標であるピンがホールの外に存在するなどということはあり得ません。

ティショットもセカンドショットも、必ずスイングプレーンはコース内を向いていなければなりません。そうでなければ、ボールをピンに近づけるショットを打つことはできないでしょう。ドッグレッグホールやリカバリーショット以外、どんなショットでもスイングプレーンは目標方向を向くということが、ゴルフでは大前提だといえます。

対角線理論では、「スライサーは右側にティアップして、ホールの左側を向いて打つ」、「フッカーは左側にティアップして、右を向いて打つ」ことになります。これでは、ラフや林、谷などに向かって打つことになり、そのため、会心の当たりがＯＢになってしまうような矛盾が生じるのです。

つまり対角線理論を使うと、スライスを克服したいと思っているゴルファーでも、ＯＢを打たないようにするためにスライスを打たなければならなくなるという、なんともおかしなことになるのです（フッカーの場合も同様）。

このことから、対角線理論は技術の向上に対する貢献がまったくない考え方だといえるのです。

ギア性能の向上がコース戦略を変える

ではなぜ矛盾のある対角線理論が、現在のコース戦略においてスタンダードなのでしょう。その答えは「見え方＝視線」が関係しています。

49ページのイラストを見てください。あなたはいまカメラのファインダーを覗き、その中央にターゲットをとらえています（イラストA）。そのままの状態であなたが右方向に移動すると、ターゲットはフレームの左側へと移動します（B）。逆にあなたが左方向に移動すると、ターゲットは右側へと移動します（C）。つまり同じ景色なのに、見る位置が移動することでターゲットも移動して見えるのです。

このことから、スライサーがグリーン左端のピンを狙うときに、ティグラウンドの右側にティアップすると、イラストBのフレームと同じ視界になり、ピンの右側が広く見えます。そのためスライサーとしては精神的に安心して、「よしっ、思い切っていくぞ！」という気持ちになります。

ところが気持ちとは裏腹に、ボールはグリーン右のハザードやラフへと飛ぶことが多いはずです。あなたにもこのような経験があるでしょう。

ではなぜスライスを警戒して打ったにもかかわらず、ボールは右へと飛ぶのでしょうか。その秘密は最近のギアの性質と関係しています。近年のクラブ（特にドライバー）やボールは革新的に進化しているため、極端に大きくスライスすることはなくなりました。

著名なクラブ設計家のT氏も、「最近のドライバーは、その構造上、隣のホールまで曲がってしまうような球が出ることは少ない」といっています。

イラストBのように、フレームの右端から左端のターゲットに向かって打ち出されたボールが、途中で大きく右に曲がって右端のフレーム外に消えていくことはなくなったということです。つまり、フェアウェイを横断するようなスライスボールは、現代の大型で慣性モーメントの大きいドライバーではまず出ないわけです。

〔イラストA〕

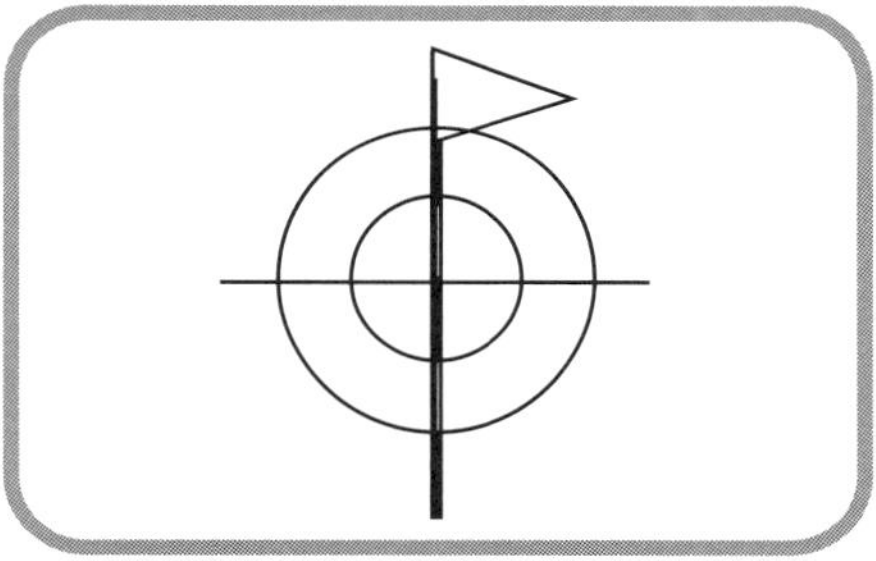

〔イラストB〕

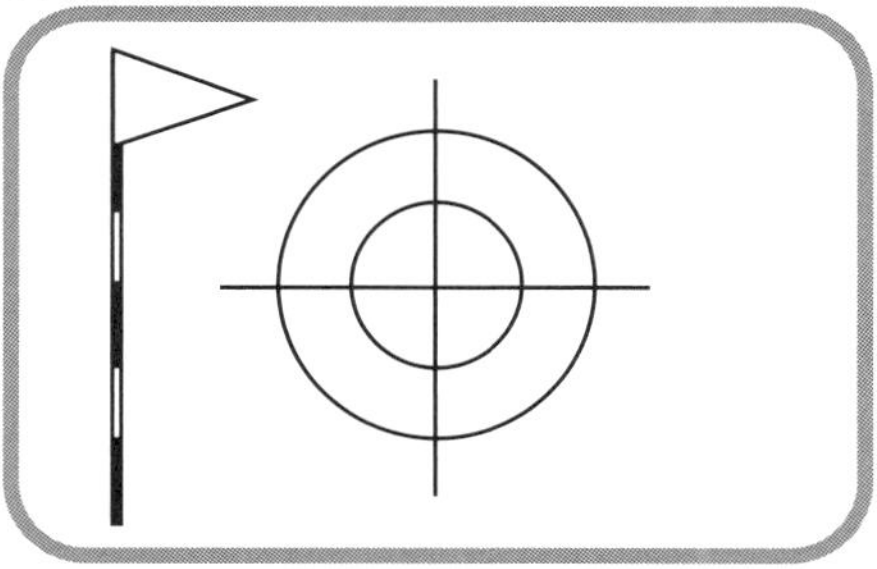

〔イラストC〕

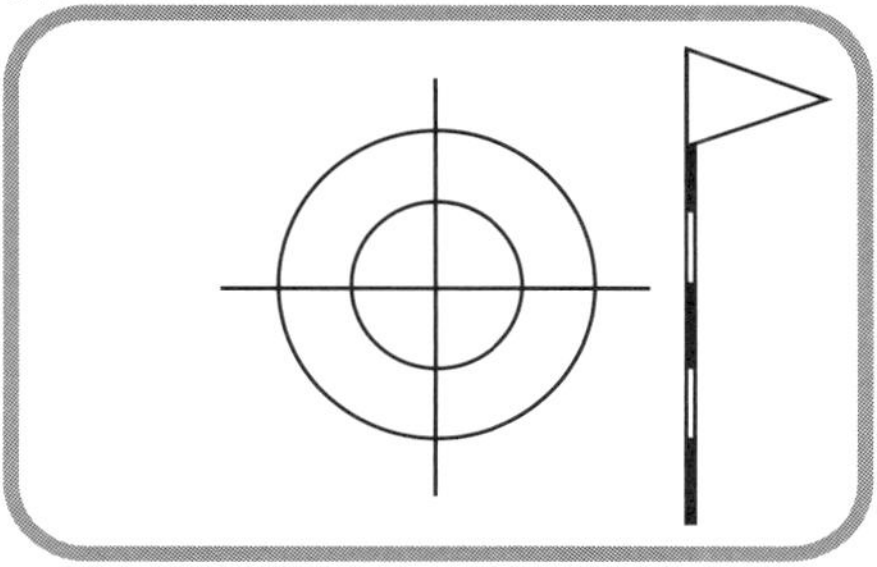

カメラのファインダーを覗き、中央にターゲットをとらえたまま右に移動すると、ターゲットは左に移動する。逆に左に移動するとターゲットは右に。ティグラウンドでもこの現象が起こりスイングに影響を与える

その代わり、現代の大型ドライバーは打ち出された途端に右へ飛び出し、そこからスライスしていく、いわゆるプッシュアウトスライスが多いのです。

これをイラストBのフレームでいうと、右端から左端のターゲットを狙って放たれたボールが一度もフレームの中に入ることなく、フレームの右外へと消えていくということです。

また、スライサーが対角線理論を使うということは、自ら進んでOBやハザードに近いところへティアップしていることになるのです。

フレームでいうと、右端のフレームアウトすれすれのところに立って打っているわけです。ボールが右に飛ぶことを嫌っているのに、あえて危険な右サイドへティアップするというのは、どう考えてもおかしなこと。しかし、このおかしなことをするのが対角線理論なのです。

対角線理論の矛盾に気づけば、いかにBOX理論が理にかなっているかがわかるでしょう。スライサーが左端のターゲットを狙うときは、ティグラウンドの左側にティアップして、そのまま打てばよいのです。クラブの性質からして、スライスしても曲がり幅はコー

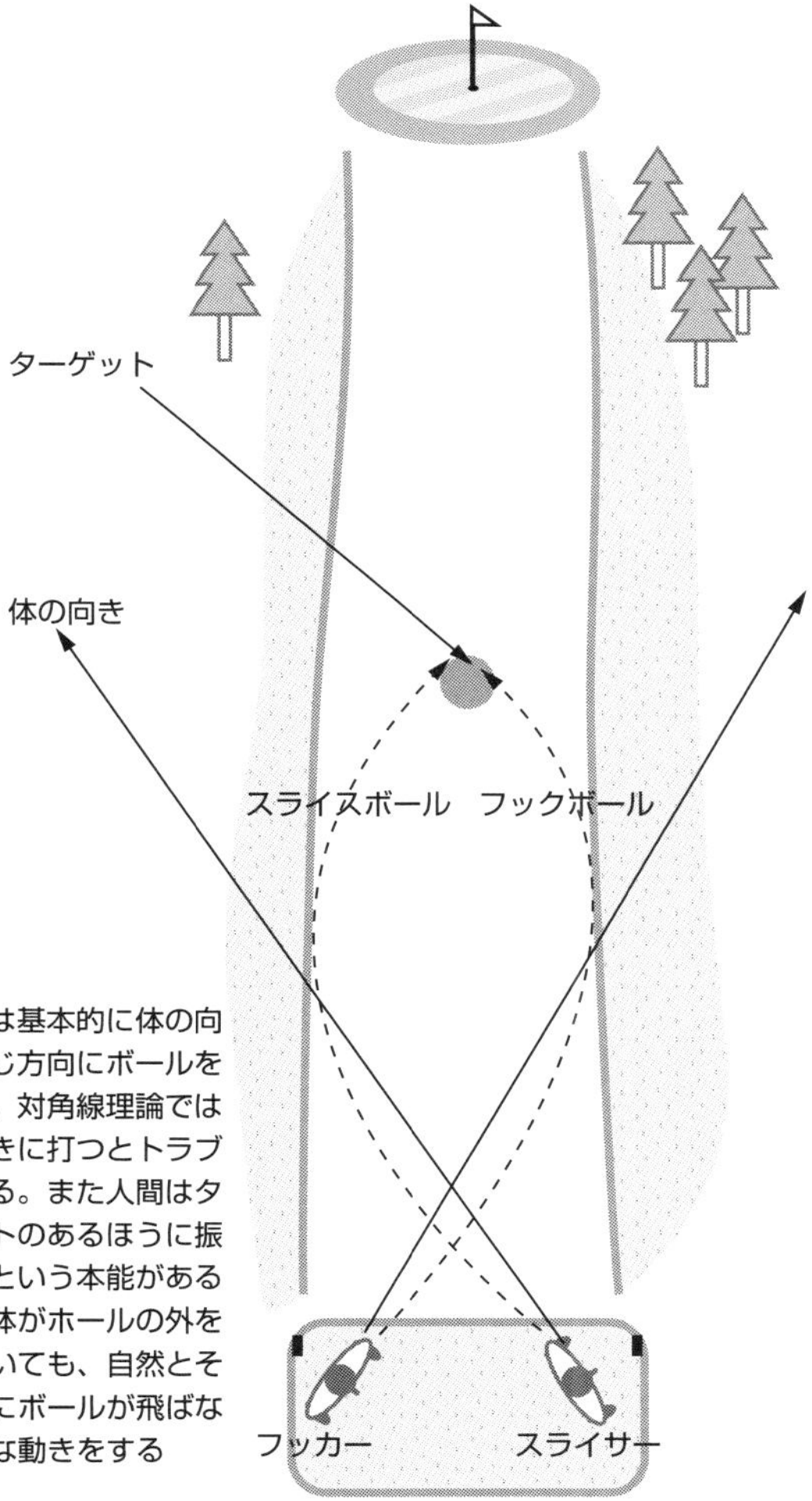

ゴルフは基本的に体の向きと同じ方向にボールを打つが、対角線理論では体の向きに打つとトラブルになる。また人間はターゲットのあるほうに振りたいという本能があるため、体がホールの外を向いていても、自然とその方向にボールが飛ばないような動きをする

スを外れるほどではありません。仮にナイスショットが出て、ストレートな弾道になったとしたら、当然、待っているのはブッ飛びかピンの根元です。

このように、BOX理論は近年のクラブの性質からみても理にかなった戦略といえ、だからこそ多くのトッププロが使っているのです。

第3章

日本人が知らなかった「BOX理論」マネジメント

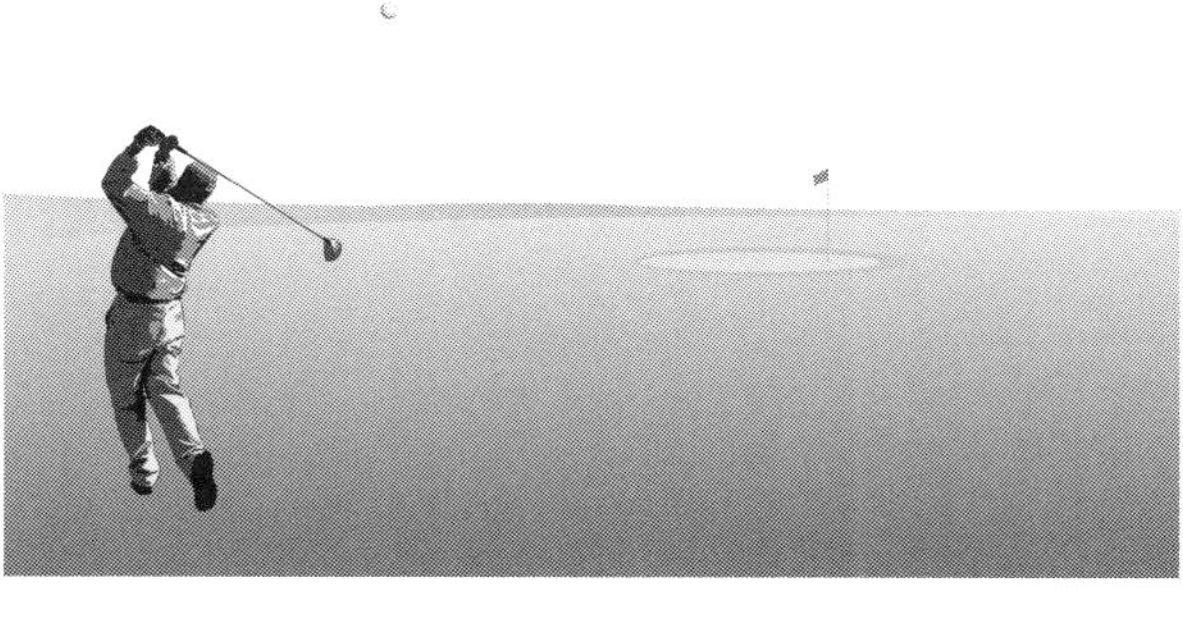

ターゲットに対してまっすぐ向かうのが基本

ではここからは、実際にＢＯＸ理論を使ってプレーするためのポイントを解説していきましょう。

前章でも触れましたが、ＢＯＸ理論ではホールに対して〝斜めに構えてターゲットへ打つ〟ということはありません（隣のホールに行ってしまったボールを戻すような、特別な状況は除きます）。

つまり、いつでもホールに対して平行に構えて打つのが、ＢＯＸ理論の前提です。

練習場で、マットの向きに対してカラダを左右にずらしてボールを打つことで、ターゲットにきちんとカラダの向きを合わせられるようにするという練習方法があります。

右のターゲットを狙うときはカラダを右に向けて打ち、左のターゲットを狙うときはカラダを左に向けて打つわけです（次ページ参照）。

このような練習もムダではありませんが、前述したように、これが実際のコースだとす

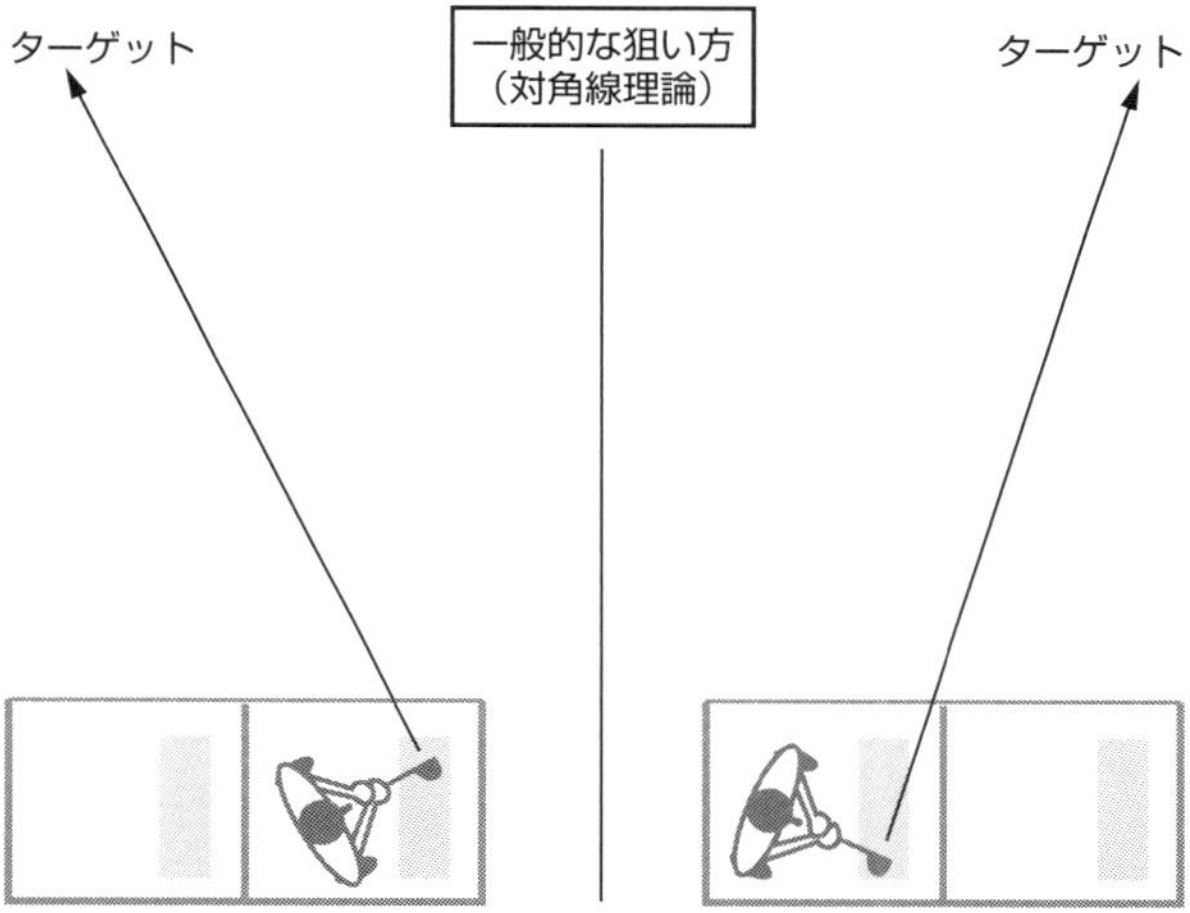

一般的な狙い方（対角線理論）では一つの打席内で向きを変え、左右のターゲットを狙う。ＢＯＸ理論では右を狙うなら右の打席へ、左を狙うなら左の打席を移動しそこからまっすぐに打つ

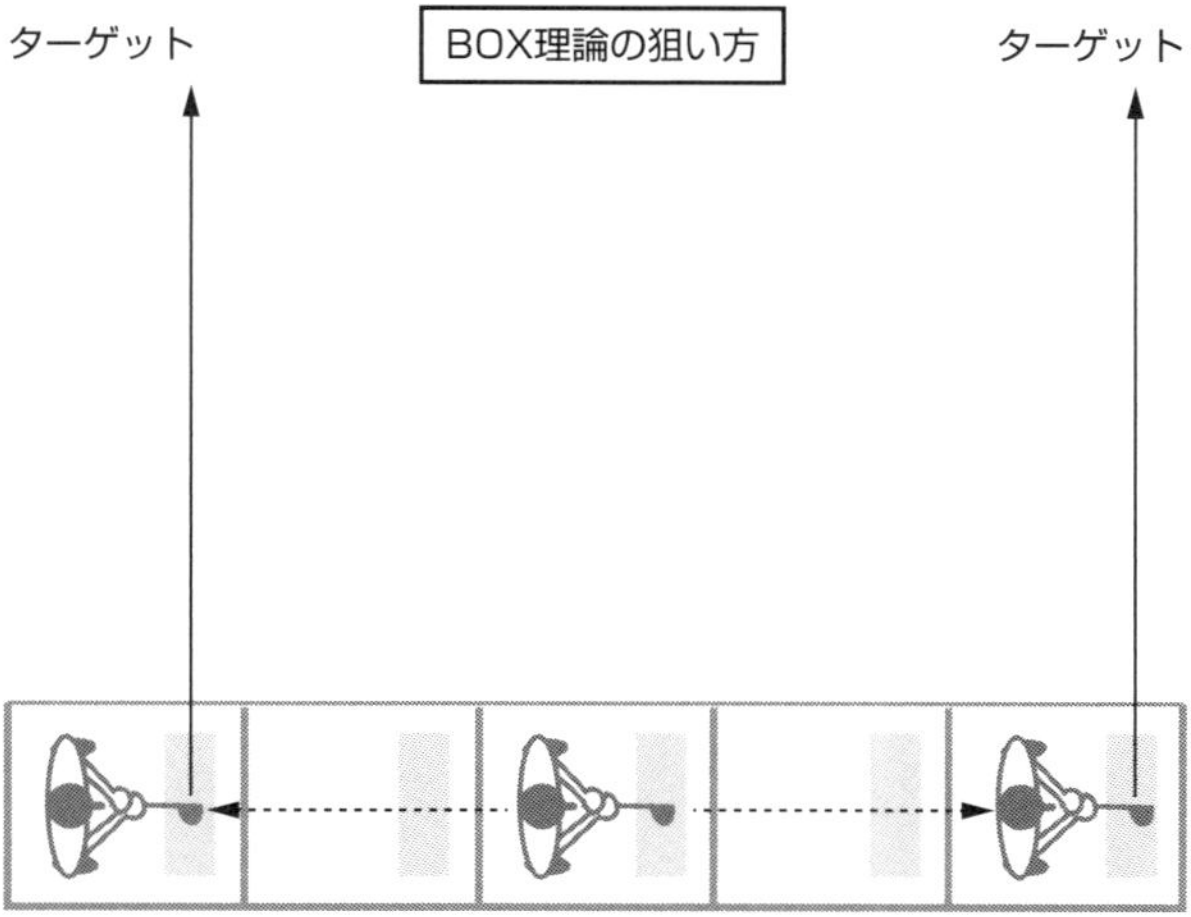

ると、体が斜めを向くとホールの外を向いて打つことになります。同様にスイングプレーンもホールの外を向いてしまいます。

ゴルフはターゲットのほうにボールを打つゲームなので、BOX理論でも、常にターゲットのほうを向いてボールを打ちます。これを練習場の打席で例えると、右のターゲットを狙うときは右の打席に移動してまっすぐ打ち、左のターゲットを狙うときは左の打席に移動してまっすぐ打つということです。

要するに、一つの打席内で右を向いたり左を向いたりしてターゲットを狙うのではなく、打席を移動してしまうわけです。

したがって、実際のコースでフェアウェイの右サイドを狙うなら、スライサーでもフッカーでもティグラウンドの右側にティアップして打つことになります。

これがBOX理論の大前提であり、ティアップもすべてこの前提に沿って行います。

では、自由に打席を移動できないセカンド、サードショットの場合はどうすればよいのでしょう。

この場合は、〝ボールを曲げてターゲットに近づける〟という方法をとります。たとえばセカンド地点がフェアウェイの右サイドで、そこから左方向にあるピンを狙う場合、左に曲がるドローボールを使って打っていくことになります。

つまり、左方向のピンに対して、まっすぐ構えたままボールをピンに近づけるためには、どんな球筋のボールを打てばよいのかを考えてプレーするのです。

このことから、ＢＯＸ理論はゴルファーにある程度のスキルを要求するコース戦略だといえます。ピンに近づけるためには20ヤードも左に曲げることが要求され、自分のスキルでは10ヤードが限界だというような場合、10ヤード曲げてピンの右側につけ、パッティングでバーディやパーを狙うという考え方になります。

とはいえ、ゴルフでは斜めに狙わなければならない状況も必ず出てきます。その場合、まっすぐ狙うときよりアドレスやアライメント、ホールの特性、クラブの特性に細心の注意をはらう必要があります。

なぜなら斜めを向く立ち方には人間の感覚を狂わせる要素がたくさん詰まっており、プロでさえ難しいと口を揃えるほどなのです。

距離の10％以内のブレは許容範囲と考える

対角線理論と違い、ＢＯＸ理論はゴルファーにある程度のスキルを要求します。その一方、ゴルファーに決断力や判断力、そして決心する気持ちを芽生えさせてくれるポジティブ思考のコース戦略です。

また、このコース戦略は上級者だけのものではありません。

「スキルがないから、思いどおりのボールなんて打てないよ」

と嘆く100切りを目指す程度のゴルファーでも、ＢＯＸ理論の考え方を頭にインプットすることで、徐々にではありますが必ずよい結果が出せるようになります。

では、ＢＯＸ理論についてより詳細に解説していきましょう。

ＢＯＸ理論では、コース上に『仮想のＢＯＸ（箱）』を置き、その仮想ＢＯＸの中にボールを入れるにはどんなクラブで、どんな球筋のボールを、どれくらいの距離で打てばよいのか考えてプレーしていきます。

次ページのイラストをみてください。これは仮想ＢＯＸの作りかたを図解したもので
①は飛距離と肩の向き
②は番手ごとの飛距離
③は番手ごとのボールまでの距離（アドレス時）
④はターゲットライン
⑤は曲がり幅
を表しています。

たとえばＡＷのＢＯＸは、ＡＷのボール位置から伸びるターゲットラインと１００ヤードの横軸で作られた斜線の範囲になります。そして、アマチュアの場合はターゲットに対してボールのブレが10ヤード以内なら、そのショットは成功といえ、プロは３ヤード以内なら成功ということを表しています。

つまりアマチュアは距離の10％以内、プロは３～５％以内のブレならＯＫということです。ただし、アマ、プロ共にブレはターゲットの左側に限定されます。

なぜかといえば、ボールが右に曲がるとＢＯＸの外にボールが出てしまうからです。と

仮想BOXの作りかた

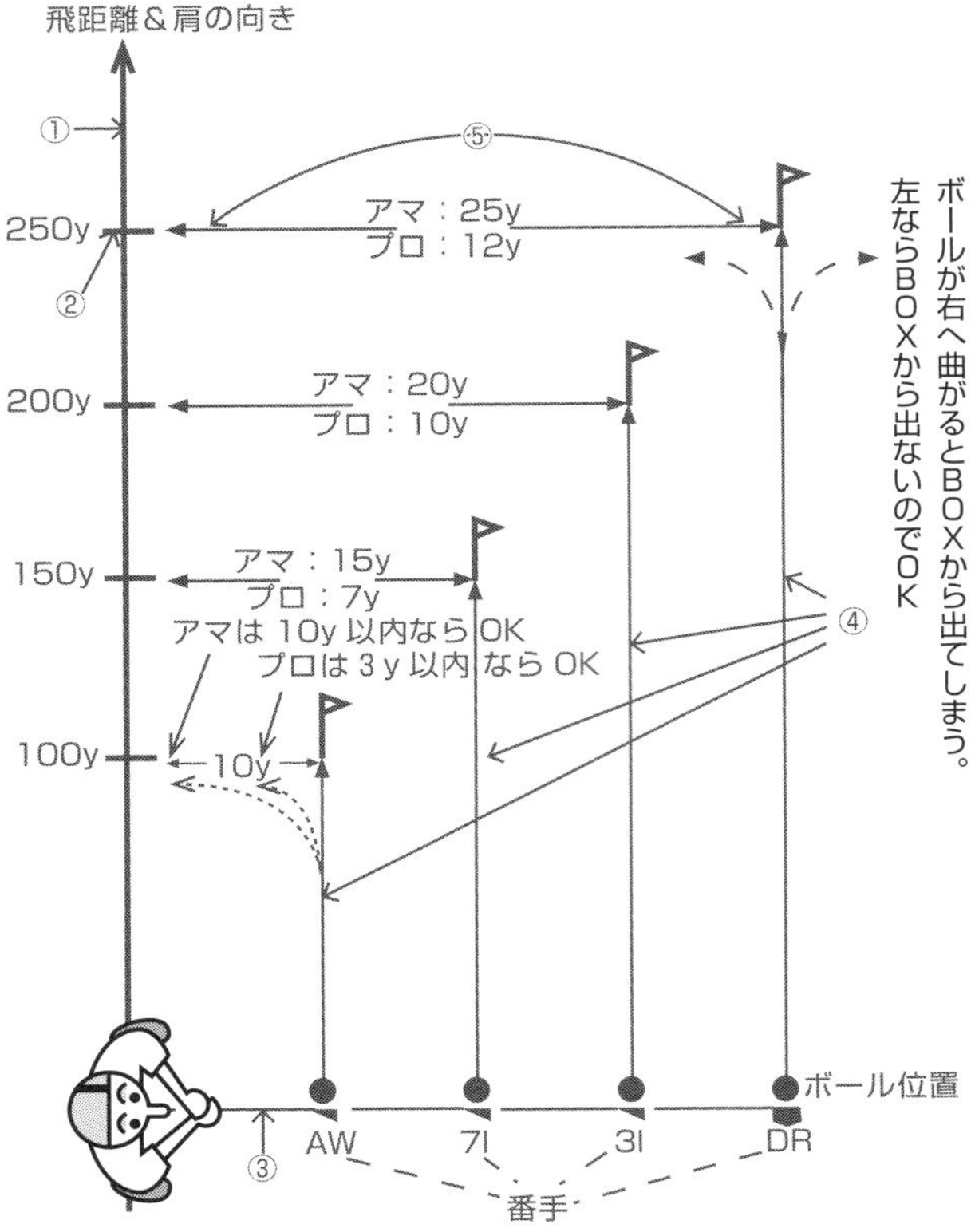

飛距離＆肩の向き
①
②
250y
アマ：25y
プロ：12y
⑤
200y
アマ：20y
プロ：10y
150y
アマ：15y
プロ：7y
アマは 10y 以内ならOK
プロは 3 y 以内 ならOK
100y
10y
④
ボールが右へ曲がるとBOXから出てしまう。
左ならBOXから出ないのでOK
ボール位置
③
AW
7I
3I
DR
番手

いうことは、BOX内にボールを入れるにはドローボールが必要であり、BOX理論は基本的にドローボールによる戦術が一番シンプルになります。

定着してしまった弾道に対する誤解

自分で設定したBOXの中にドローボールが打てるようになるということは、どんなに狭いフェアウェイでも外さなくなるのと同じことです。トッププロの場合、フェアウェイの芝刈り痕3本分（たとえば順目・逆目・順目の3本）の中にボールが打てると、全米オープンや全英オープンが開催される難易度の高いコースでもフェアウェイを外さずにプレーできます。

つまり、「曲がらないショット」や「曲げないショット」、「フェアウェイをキープするショット」とはBOXの中に打つショットのことをいいます。そして、カット軌道でスライスを打ち、ボールをフェアウェイに置きにいくようなショットをそのようには呼ばないのです。

ＢＯＸ理論を使ったコース戦略では、自分の設定したＢＯＸの中にドローボールが打てるかということがとても重要で、これができないとＢＯＸの核であるコースリーディングを生かせないということになるのです。

こういうと、「ドローボールなんて打てないよ……」というアマチュアの方がほとんどでしょう。

たしかに、ドローボールを打つにはある程度のスキルが要求されますが、多くのアマチュアゴルファーはドローに限らず、フェード、フック、スライスそれぞれの弾道の違いを誤解している方が多くいます。

ＢＯＸ理論を使ったプレーでは、弾道の違いを把握していることがとても大切です。そこで、まずそれぞれの弾道の違いを明確にしていきますので、しっかりと頭の中に叩き込んでください。

64ページのイラストは間違った解釈の弾道で、65ページは正しい弾道です。

間違った解釈のほうは、左に大きく曲がるものをフック、小さく曲がるものをドローと呼び、右に大きく曲がるものをスライス、小さく曲がるものをフェードと呼んでいます。

しかし、正しい弾道というのは曲がる大きさとは関係ありません。

ターゲットライン上に打ち出されたボールが落ち際で左に曲がるのがドロー、右に曲がるのがフェードです。

フックとは、ターゲットラインより右に打ち出されたボールが左へ曲がるものをいい、スライスはターゲットラインより左に打ち出されたボールが右に曲がるものをいいます。

またドローは英語で「ｄｒａｗ」と書くとおり「引く・引っ張る」という意味で、ターゲットライン上に打ち出されたボールが、落ち際でプレーヤー側に「引っ張られる」ように近づいてくることから、こう呼ばれるのです。

フェードは「ｆａｄｅ」と書くとおり「しぼむ・衰える」という意味で、ターゲットライン上に打ち出されたボールが落ち際でプレーヤーから遠ざかっていく、つまり「フェードアウト（ｆａｄｅｏｕｔ）」するような球筋なので、こう呼ばれるのです。

フックは「ｈｏｏｋ（鉤・鉤形）」で、スライスは「ｓｌｉｃｅ（薄く切る）」。切るように打つところから、こう呼ばれます。

弾道の間違った解釈

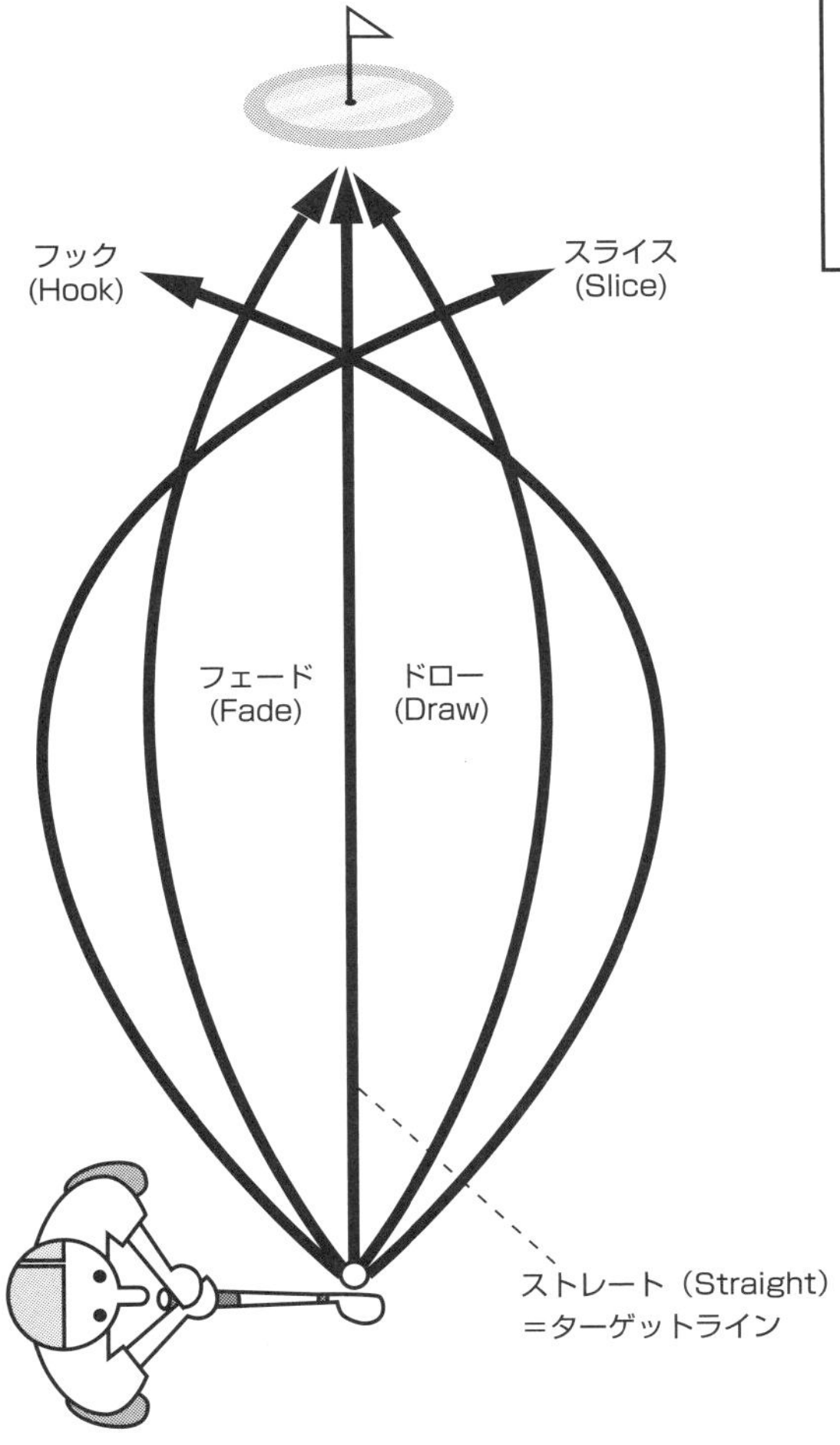

フック
(Hook)
スライス
(Slice)
フェード
(Fade)
ドロー
(Draw)
ストレート（Straight）
＝ターゲットライン

弾道の正しい解釈

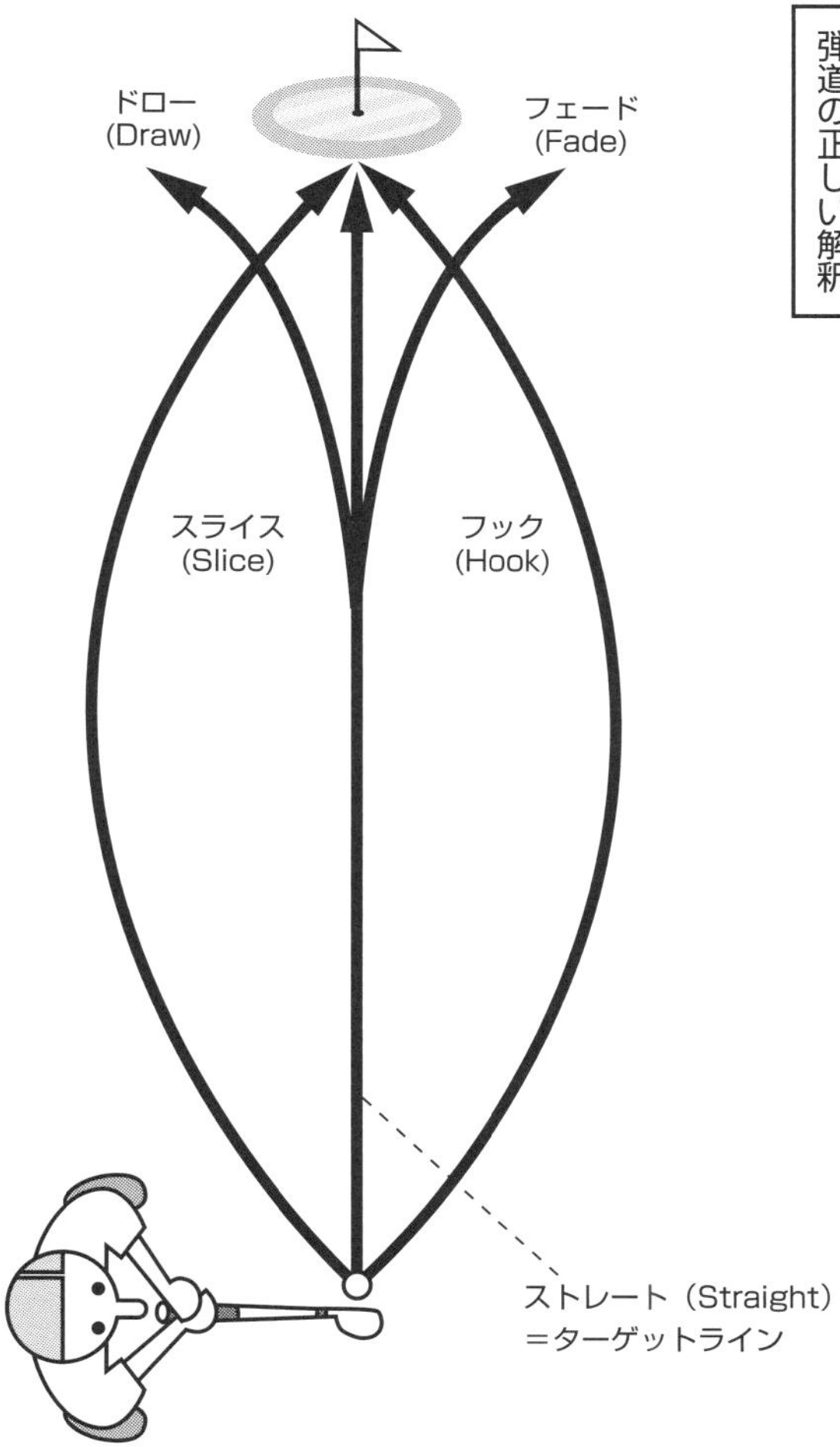
ドロー
(Draw)
フェード
(Fade)
スライス
(Slice)
フック
(Hook)
ストレート（Straight）
＝ターゲットライン

コース戦略が技術の向上を促す

次ページからの写真を見てください。弾道とスイングには密接な関係があり、ドローもフェードも〝オンプレーンスイング〟から打ち出されるもので、インパクト時のフェースの動きの違いによって、曲がる方向が変わるのです。

ドローはインパクト時のフェースターンが大きく、ボールをしっかり包み込むような動きをします。フェードはインパクト時のフェースターンが小さく、包み込む動きも小さくなります。

つまり、フェースがボールを包み込む動き（つかまり具合）を調整することで、曲がる方向と曲がり幅を決めるのです。

ドローはフェースをアクティブに動かしてボールを包み込むことでつかまえるため、フォローでは手首が返り、フィニッシュでは右肩がアゴの下におさまるくらい、しっかりと振り抜いた形になります。フェードはフェースの動きが小さく、あまり包み込まないため、

オンプレーンのダウンスイングとオフプレーンのダウンスイング

ドローとフェードはオンプレーンスイングによって打ち出される

フックはシャフトプレーンの下からクラブが入る

スライスはシャフトプレーンの上からクラブが入る

ドローとフェードのフェースターンの違い

フェードのインパクト

インパクト時

インパクト直後

フェードボールはフェースのターンを抑え気味に打つとはいえ、少しではあるがフェースは左を向く。だが、ヘッドはまっすぐ出ていく

ドローのインパクト

インパクト時

インパクト直後

ドローボールはフェースをしっかりとターンさせて打つため、下段の写真のように、インパクト直後にフェースはかなり左を向き、ヘッドが早めに内側へ入る

オンプレーンスイングのフォローとフィニッシュ

ドローはフェースをしっかりターンさせてボールをつかまえる。そのため、フィニッシュは右肩がアゴの下におさまり、ヘッドは後方へと深く入るところまで振り切ったカタチになる

フェードはフェースのターンを抑え気味にしてボールをターゲットラインに押し出していく。そのため、フォローでは手首があまり返らず、フィニッシュではシャフトが立ち、高い位置におさまる

フォローでは手首の返りが小さくなり、ヘッドの走りを抑えるぶんフィニッシュの位置が高くなります。

正しい軌道に乗ったオンプレーンスイングから打ち出されるドローやフェードと違い、スイングがプレーンから外れるために曲がるのがフックとスライスです。

フックはシャフトプレーンの下からクラブが下りてきてインパクトを迎えるために起こり、スライスはシャフトプレーンの上からクラブが下りてきてインパクを迎えるために起こります。

ＢＯＸ理論でプレーをする場合にはスイングそのもののスキルを上げる必要があり、逆説的にいえば、ＢＯＸ理論というコース戦略が技術の向上を導いてくれることがわかるはずです。

対角線理論には技術の向上を促す部分がないため、どちらのコース戦略を使えばゴルフのレベルがアップするか、あえて言う必要はないでしょう。

肩のラインを決めてからターゲットラインを設定

設定するＢＯＸの大きさは、持つクラブによって変化します。ウエッジなどの短いクラブでは小さく、ドライバーなどの長いクラブでは大きくなるのです。

ただし、一般的な遠近法のように、遠くへ行くほど先細りになり、ターゲットで交わるという見方はしません。常に肩のラインとターゲットラインで作られた横幅をキープしたまま、つまりスクエアな状態を維持したまま、遠方の景色を見るのです。

そのため、１００ヤード先のＢＯＸと、２５０ヤード先のＢＯＸでは横幅に大きな違いが出ます。さらに、仮想ＢＯＸを設定する場合、機械を用いて真のスクエアを作るようなイメージは必要ありません。人それぞれ見方のイメージが違うので、次ページのように、あくまでもその人なりのスクエアなＢＯＸを設定すればよいのです。

では具体的にＢＯＸを設定する方法を紹介しましょう。一般的に狙い所や落とし場所を決めるときは、まずボールの後ろに立ち、ボールと狙い所・落とし場所（ターゲット）を

どんなに遠方でも、仮想のBOXは肩のラインとターゲットラインで作られたスクエアな箱として見なければならない（左上）。遠近法で見ると、先すぼみになってアライメントが狂ってしまう（右上）

BOXの大きさ（横幅）は、持つクラブによって変化する。ドライバーはボールとの距離が遠いので、そのぶんBOXの横幅は広くなる。ウエッジなどはボールとの距離が短いので、横幅は狭くなる

結んだターゲットラインをイメージし、そのターゲットラインと平行にスタンスをとるといわれます（次ページ）。

しかしＢＯＸ理論では、ターゲットラインにカラダの向きを合わせるのではなく、肩のライン（肩の向き）を最初に決め、それに合わせてターゲットラインを設定します。

ではＢＯＸ設定の手順を紹介します。75、76ページを見てください。

①ティアップしたらボールの後ろに立ち、狙う場所を決めて、「ターゲットライン」をイメージ

②自分がアドレスする位置の後ろに立ち、ターゲットラインと平行にアドレスした自分の姿を思い描き、肩がどこを向いているかをチェック

③肩のラインとターゲットラインで作られたＢＯＸを基準にして、その中にボールを入れる、もしくは入れないというショットメイキングをする

これが基本的なＢＯＸ設定の仕方です。

一般的な狙い方の手順

まずボールの後ろに立って、ボールとターゲットを結ぶターゲットラインをイメージする。そして、ボールの30cm手前あたりにスパット（目印）を見つけ、スパットに対して平行にスタンスする

上のような一般的な狙い方だと、ターゲットラインに平行にスタンスをするのではなく、スパットにカラダが向く傾向があるため、右を向いてしまうことが多い

基本的なBOXの設定方法

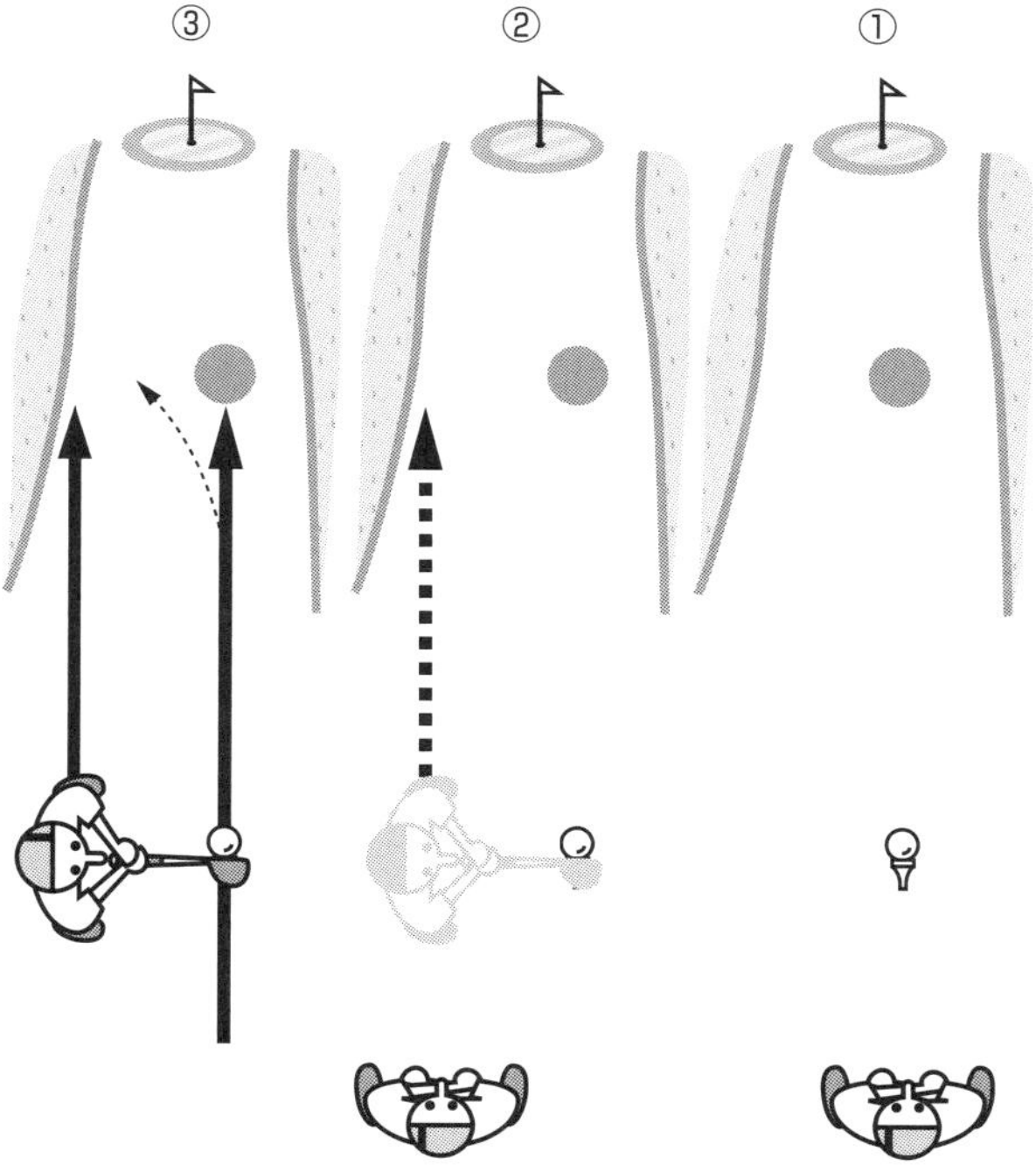

肩のラインとターゲットラインでBOXを設定し、これを基準にしてショットする

自分がアドレスする姿を思い描き、肩がどこに向いているかチェック

ボール後方から、狙う場所までのターゲットラインをイメージする

実際にアドレスしたとき、肩がどこに向くかしっかりと思い描く（イラスト②）

ボール後方からターゲットラインをイメージする（前ページイラスト①）

肩のラインとターゲットラインでBOXを設定する（イラスト③）

アドレスした自分を思い描き、肩の向きをチェックする（イラスト②）

ハザードがある場合のBOX設定方法

ここでＢＯＸを理解するため、象徴的なケースである肩の向きの先にハザードなどの障害物がある場合の設定方法を紹介しましょう。78、79ページを見てください。手順①は先ほどと同じです。②で肩がバンカーを向いています。ドローを選択した場合、このまま打つとバンカーに入る確率が高くなります。

そこで③のように肩の向きをバンカーから出し、それに合わせて狙い所としてイメージしていたターゲットラインを修正します。修正したらＢＯＸを設定し、その中にボールが入るようにドローボールを打ちます。

いま紹介した二つのパターンがＢＯＸ設定の基本ですが、どちらの場合でももっとも重要なのは、ターゲットラインがどこを向くかということよりも、肩のラインがどこを向くかという点です。

なぜ肩のラインが重要かというと、肩のラインをビシッと決めないと、ターゲットもタ

ドローヒッターがハザードを避けるためのBOX設定

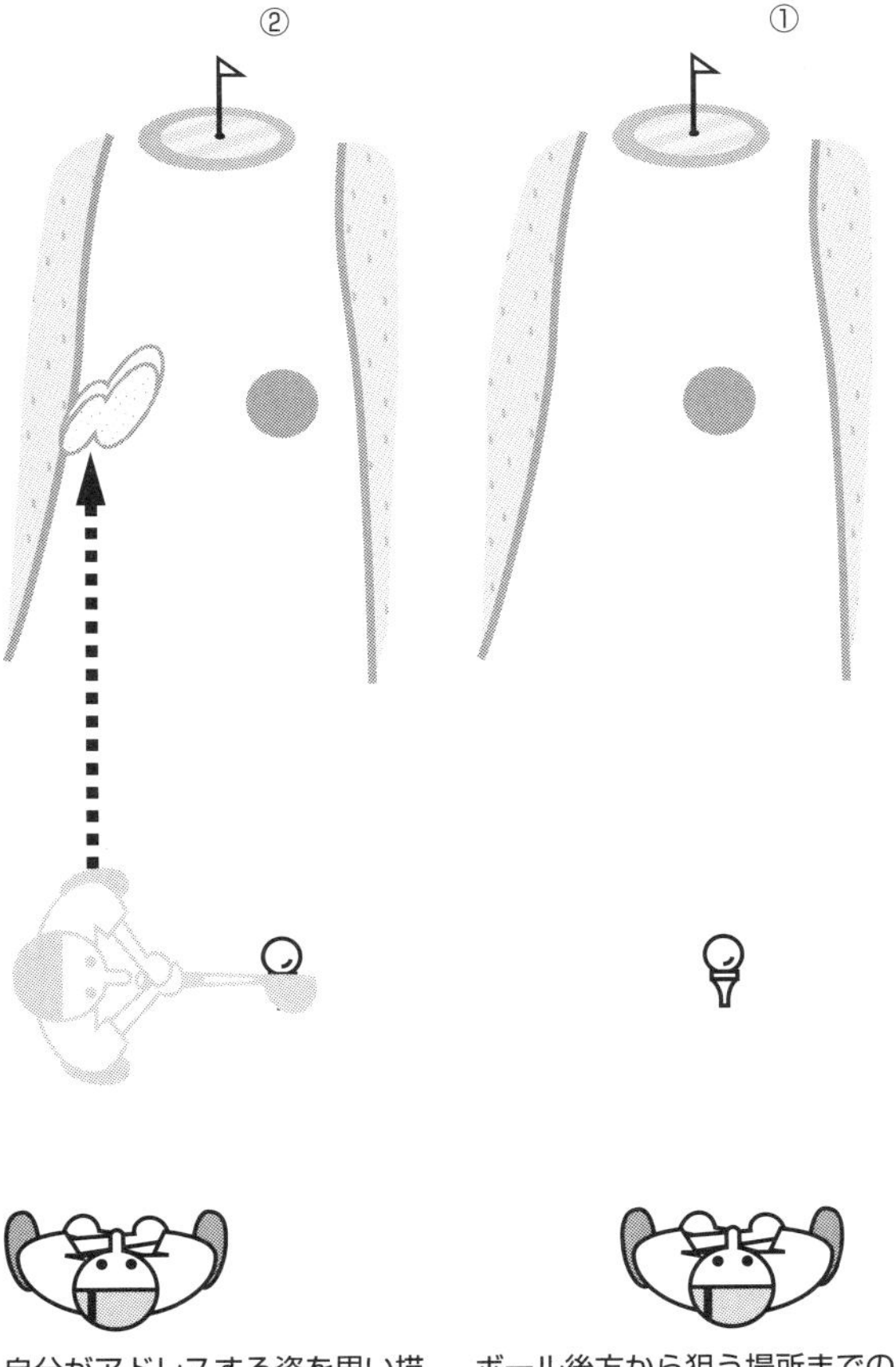

自分がアドレスする姿を思い描き、肩がどこを向いているかをチェックする(この場合、肩のラインがハザードを向いている)

ボール後方から狙う場所までのターゲットラインをイメージ

③

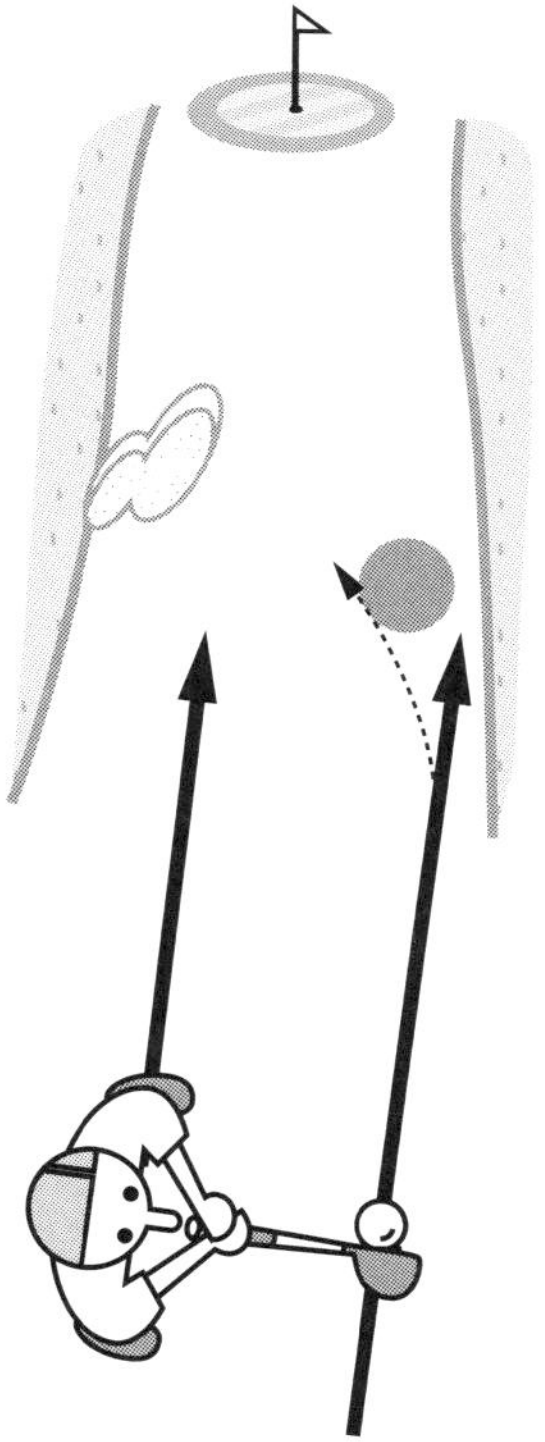

修正した肩のラインとターゲットラインでBOXを設定し、その中にドローボールを打つ

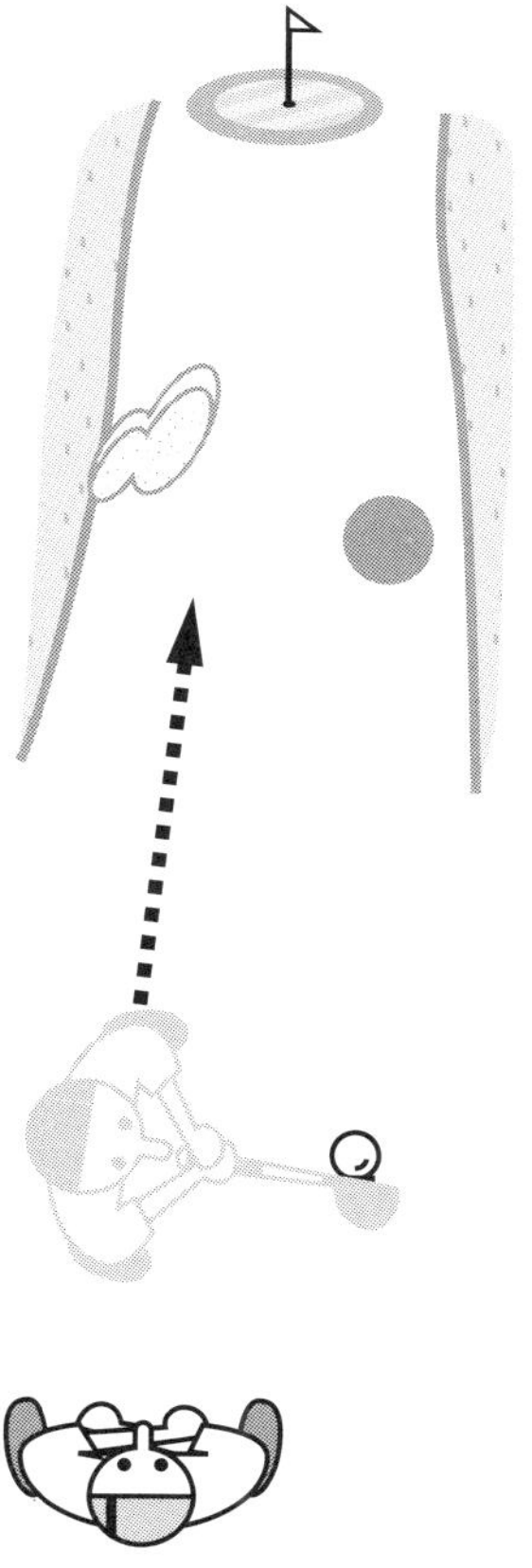

肩が向いている先にハザードがあるため、そうならないよう向きを変え、それに合わせてターゲットラインとターゲットを修正する

ーゲットラインも決まらず、ひいては仮想の空間であるＢＯＸを設定することができないからです。

とはいえ、ターゲットライン主導のエイミング（狙いを定めること）に慣れているゴルファーは少ないため、肩の向きからエイミングを考えることがなかなかできません。徐々に慣れればよいので、初めのうちは、

「できれば左にある池の横あたりに打ちたいんだけど、肩はどこを向いたらいいのかなぁ……」

といった感じでホールを見渡し、「ここかな？」と思う地点があったら、とりあえずアドレスしてみましょう。そしてアドレスしたままエイミングした場所を再確認し、スイングすることに違和感がなければ思い切って打っていきましょう。

次ページのように、もし「ここかな？」と思う地点を向いてアドレスしたものの、再確認したところ池があって思い切りスイングできないような状況だったら、肩の向きをアジャストしてしっくりと構えられる向きを探します。そして、肩のラインに沿ってターゲットとターゲットラインに修正を加えればよいのです。

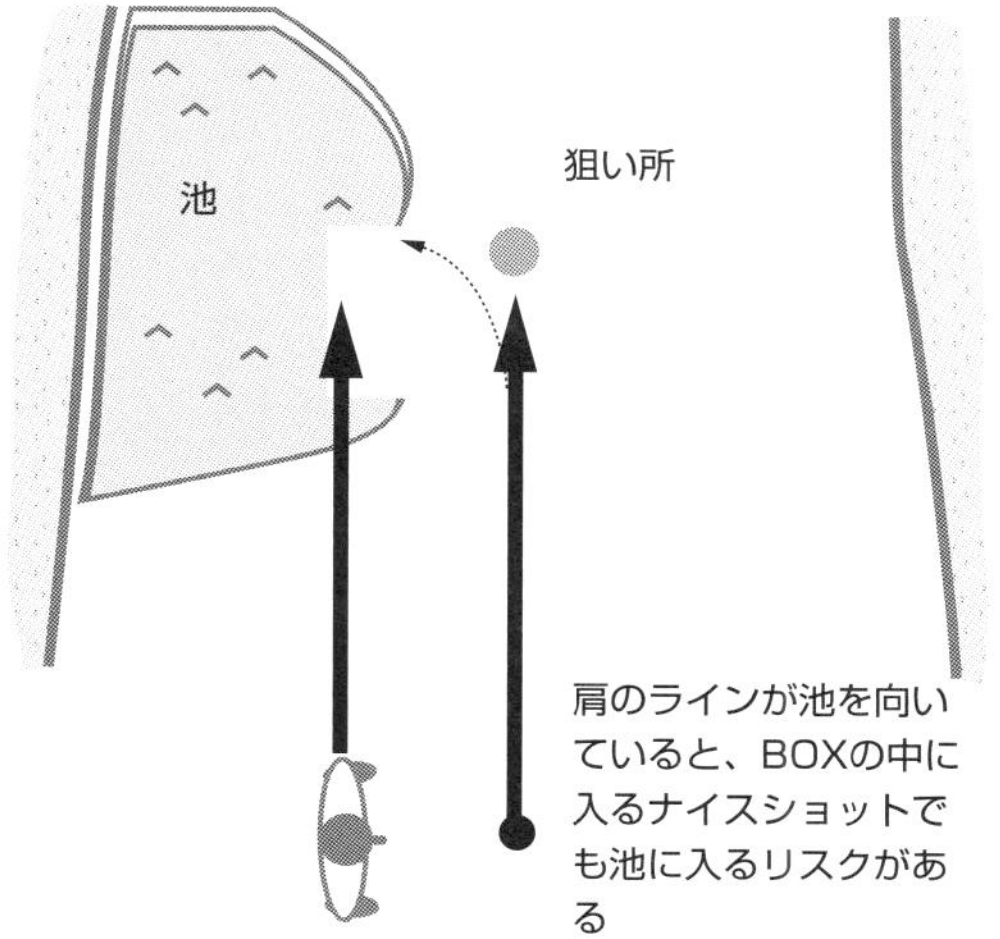
池
狙い所
肩のラインが池を向いていると、BOXの中に入るナイスショットでも池に入るリスクがある

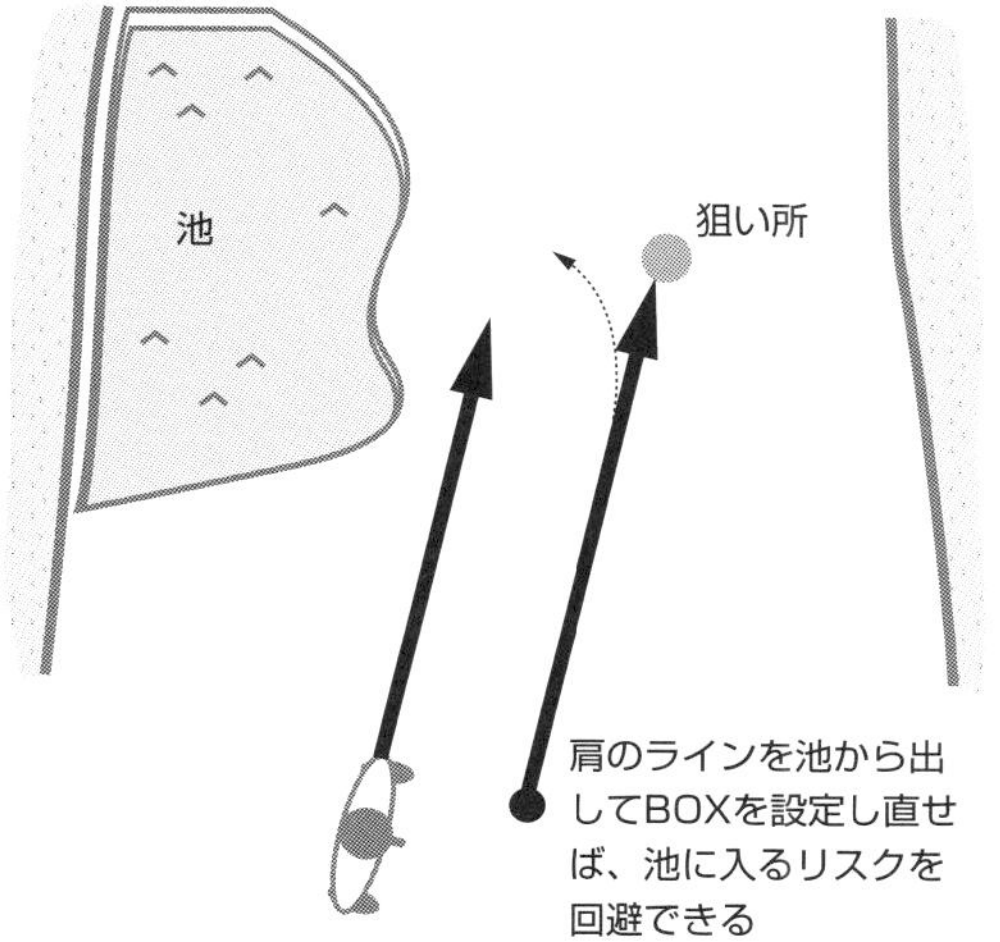
池
狙い所
肩のラインを池から出してBOXを設定し直せば、池に入るリスクを回避できる

この作業は、ＢＯＸの置き場所を変えていることになり、どこにＢＯＸを置けば安全かということを表しています。そして、そのガイドとなるのが肩のラインなのです。

フェードを使う場合の「2BOX」とは

ＢＯＸ理論の基本は、あくまでも肩のラインとターゲットラインで作られた一つのＢＯＸの中にボールを打っていくことにあり、それゆえ球筋はドローボールになります。

もうおわかりだとは思いますが、フェードボールは右に遠ざかっていく球筋なのでＢＯＸ内にボールを打つことができません。

とはいえ、ホールのレイアウトやデザインなど、状況によってはコースがフェードボールを要求することもあります。

その場合は基本となる一つのＢＯＸ、つまり１ＢＯＸのプレーではなく、右隣にもう一つ加えた「２ＢＯＸ」のプレーに切り替えます。次ページのイラストが２ＢＯＸで、フェ

『2BOX』の設定の仕方

フェードで狙う場合やフェードヒッターの場合は、イラストのように基本となるBOXの隣にもう一つBOXを設定し、その中にフェードボールを打っていく

ードボールで狙うときはこのような設定でプレーに臨みます。

ただし、この2ＢＯＸのプレーには注意すべき点があります。次ページのイラストで注意すべきこととは、ピン（ターゲット）がセンターから左側に切られると、肩のラインがより左を向くという点です。

もちろん、2ＢＯＸでフェードのプレーは、いつもよりも肩のラインが左を向くことをきちんと理解していれば問題ありません。

また、ふだんより左を向いても違和感なくスイングできれば、それほど気に留める必要もありません。

しかし、仮に左を向いた先がＯＢゾーンやバンカー、池などの場合、ゴルファーの心理としては気持ちのよいものではありません。よくいう「立ちづらい」という状況になるわけです。

こういった違和感はプレーにも大きな影響を及ぼすので、注意が必要です。

『2BOX』の注意点
1BOX
2BOX
2BOXのプレーでピンが左の場合、肩のラインはグリーン奥の林やOBゾーン、場合によってはガードバンカーを向く。立ちづらさや構えづらさを克服できれば問題ないが、ゴルファーとしては気分のよいものではない

なぜプロはフェードを好んで使うのか

2BOXのフェードでのプレーには先のような注意点がありますが、違和感を克服できないプレーヤーのための方法も存在します。それは、次ページのように多くのプロゴルファーが使っている「曲がり幅のごく小さいスライス」でプレーすることです。

スイングプレーンの項でも話しましたが、スライスとは、本来のオンプレーンから外れたスイングによる球筋をいいます。しかしプロや上級者は技術があるので、意図的にほんのわずか、オンプレーンから外してスイングし、あえてこの「小さいスライス」を打っています。

そしてこの小さいスライスは数年前からフェードと呼ばれており、「小さいスライス＝フェード」というのがいつのまにかポピュラーになってしまいました。ターゲットライン上に打ち出されて、落ち際で右に曲がっていく本来のフェードは、最近では「ストレートフェード」と呼ばれています。

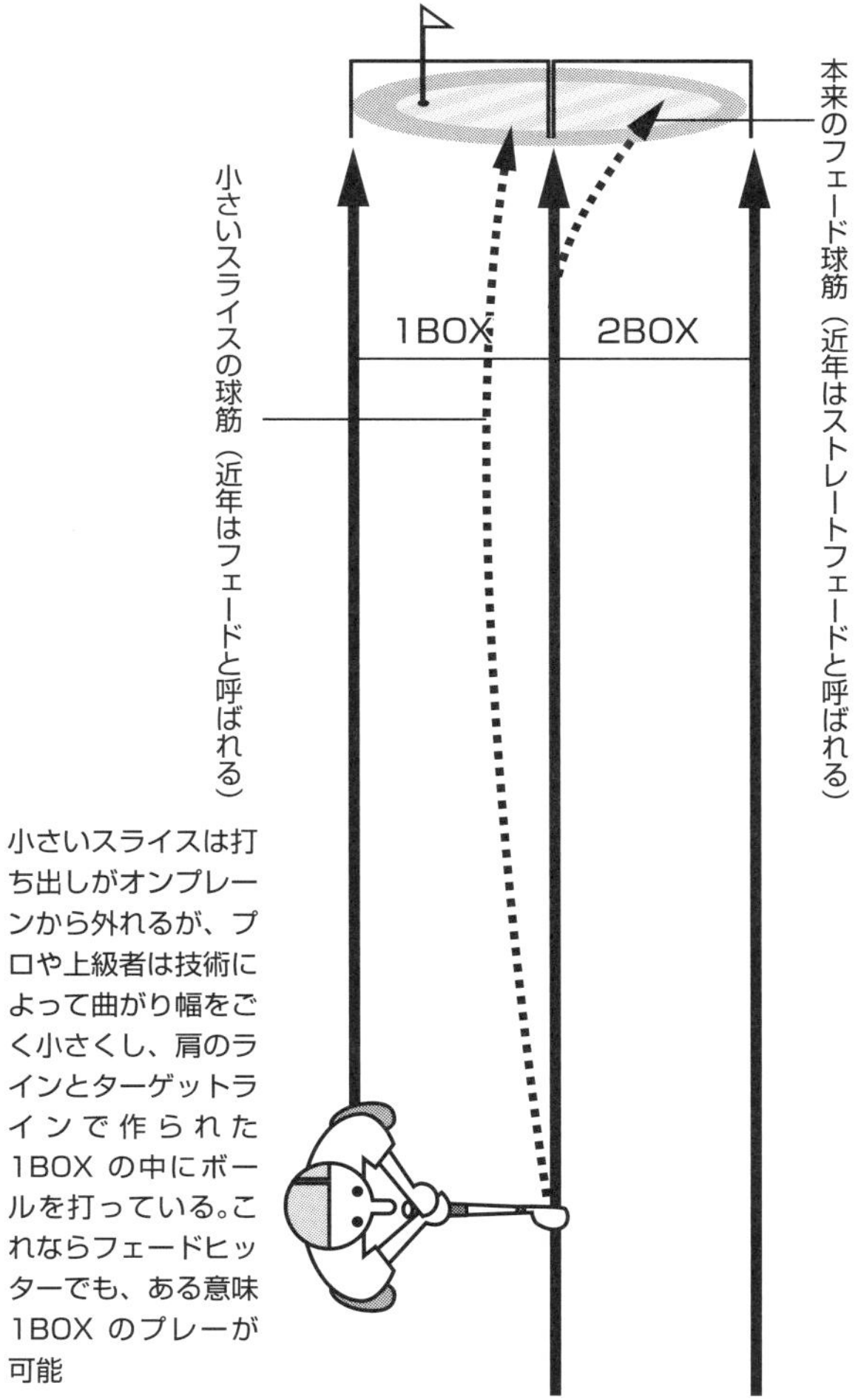
本来のフェード球筋（近年はストレートフェードと呼ばれる）
小さいスライスの球筋（近年はフェードと呼ばれる）
1BOX
2BOX
小さいスライスは打ち出しがオンプレーンから外れるが、プロや上級者は技術によって曲がり幅をごく小さくし、肩のラインとターゲットラインで作られた1BOXの中にボールを打っている。これならフェードヒッターでも、ある意味1BOXのプレーが可能ではなぜ多くのプロたちが、小さいスライス（フェード）を打つようになったのでしょう。その答えは小さいスライスなら1BOXの中だけでプレーができるからです。

また、みなさんもご存じのように、正しいプレーンからインサイドに外れたフック系のボールは弾道が強く、曲がり幅も大きくなります。さらにタイミングが狂うと、チーピンやプッシュアウトなどの大きなトラブルになる可能性が高いのです。

特にヘッドスピードの速い男子プロほどそのリスクが大きいので、プロは打ち出しから右に出るボールを嫌うのです。

小さいスライスはしっかりとボールをつかまえつつも、左へミスするリスクが少なく、曲がり幅もコントロールしやすいので、プロにとっては安心感のある球筋です。

そのため日本のトッププロはもちろんのこと、7年連続ヨーロッパの賞金王に輝いたコリン・モンゴメリーなども持ち球にしているのです。

1BOXでプレーできるのはドローと小さなスライスしかないわけですが、どちらか一方の球が打てればよいというわけではありません。やはり、使い分けができるということが、プレーの質を上げることにつながります。

その証拠に、USPGAツアーで9年連続シード権を確保している丸山茂樹選手は、ずっと「小スライス」のプレーヤーでしたが、08年からドローをマスターし、技術の幅を広げようとしています。

BOXの移動は車線変更として考える

BOXには1BOXのプレーと2BOXのプレーがあるとお話ししましたが、イメージがつかめない人のために「車線」を例に挙げて説明しましょう。

何度もいうように、BOX理論は1BOXでドローボールを使うことが基本ですが、状況によってはフェードボールを使う2BOXのプレーも必要になります。

90ページのAを見てください。フェアウェイを3車線の道路に見立てたものです。あなたのボールはフェアウェイ中央、車線でいうと真ん中の車線を走っています。そこから左寄りのグリーンを狙う場合は1BOXのプレーになり、ドローボールを打つことになります。

［イラストA］

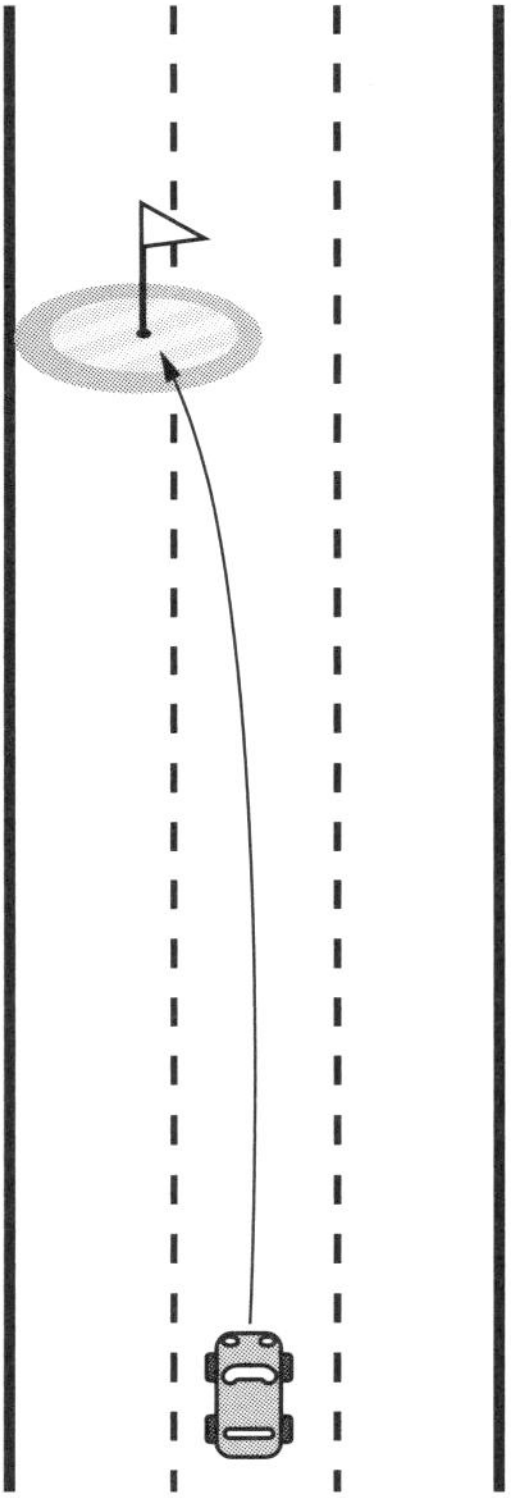

ボールがフェアウェイセンター（車でいえば真ん中の車線）ならば、1BOXでドローを打てばよい

［イラストB］

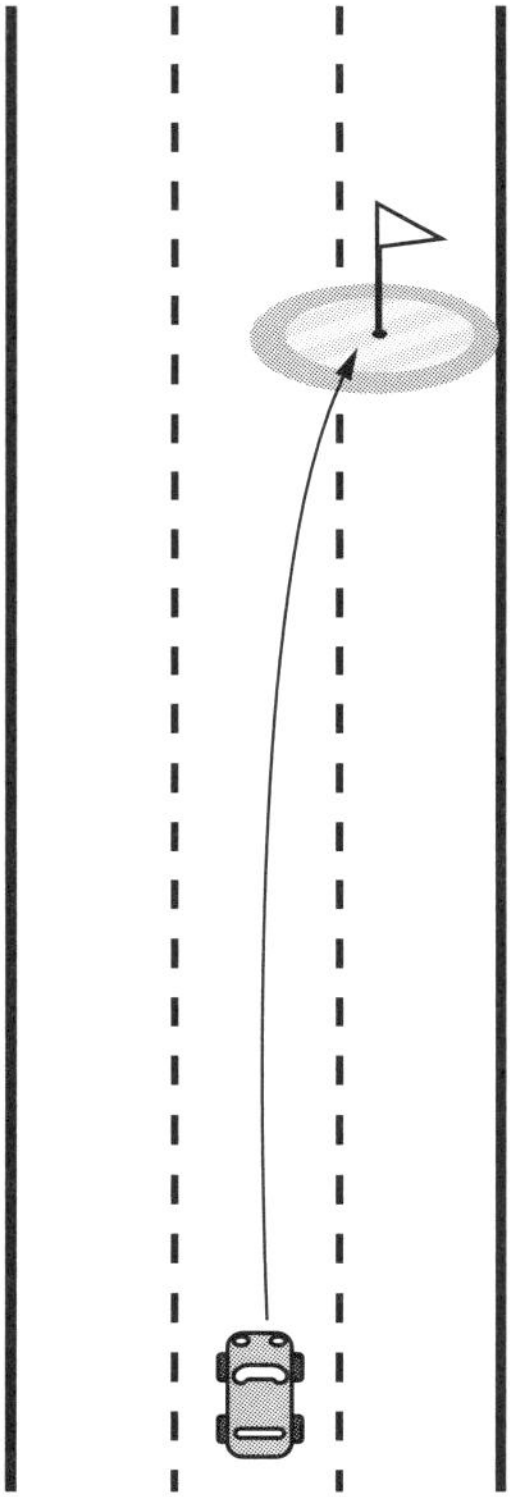

2BOXのプレーでフェードを打つ場合でも、ボールがフェアウェイセンター（車でいえば真ん中の車線）にあれば問題ない

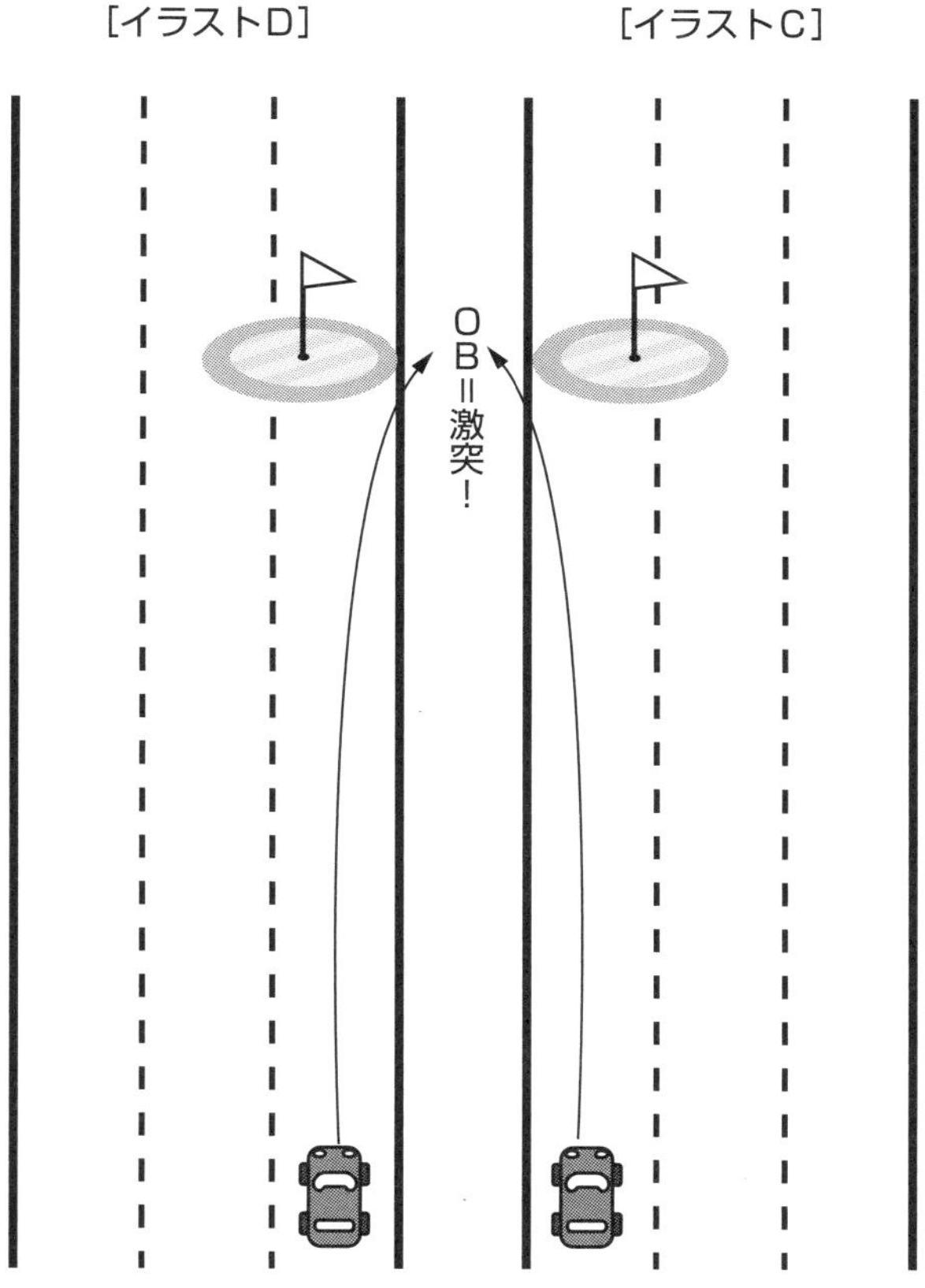

ボールがフェアウェイ右（車でいえば右車線）にあるときは、絶対に右へハンドルを切ってはいけない。特にフェードヒッターは要注意

ボールがフェアウェイ左（車でいえば左車線）にあるときは、絶対に左へハンドルを切ってはいけない。特にドローヒッターは要注意

車でいうと左の車線に移るために「左にハンドルを切る」わけです。

Bは右寄りのグリーンを狙う場合ですが、これは2BOXのプレーになるため、フェードボールを打つことになります。

車でいうと右の車線に移るので、「右にハンドルを切る」わけです。

Cはボールがフェアウェイの左にある場合で、車でいうと左車線を走っています。そこから左寄りのグリーンを狙う場合、通常の1BOXのプレーでドローボールを打つと、ボールがOBゾーンに飛んでしまいます。

車でいうと、左車線を走っているのに左にハンドルを切ってしまい、側壁に激突するということです。そこから、OBを防いで激突を避けるにはストレートボールが必要になります。

もしくは、フェードボールで右へハンドルを切ってなんとかグリーン右端に乗せるか、あきらめてグリーンの右側か手前にボールを置く、という選択肢しかありません。

Dはその逆で、フェアウェイの右にボールがあり、右車線を走っている場合です。そこから右寄りのグリーンを狙う場合、2BOXのプレーでフェードボールを打つ（右にハンドルを切る）と、Dと同じように右の側壁に激突してしまいます。

これを避けるには、やはりストレートボールを打つか、ドローボールで（左へハンドルを切って）グリーン左端へ乗せるか、乗せることをあきらめて3打目の打ちやすいところにボールを運ぶ、という選択肢になります。

ラフからでもまっすぐに向いて打つ

このことから、ドローヒッターがフェアウェイの左側（左車線）でプレーする場合と、フェードヒッターがフェアウェイの右側（右車線）でプレーする場合、「激突」というリスクがあることを念頭において、細心の注意を払う必要があります。

次のような経験をしたことは、誰にでもあるのではないでしょうか。

ティショットが右のラフに飛びました。あなたはそこから左方向にあるグリーンに向かって、斜めに構えてセカンドショットを打ちました。しかしボールはスライスして、落ちたところはまた右のラフ。

気持ちに喝を入れサードショットに臨みます。セカンドのようにスライスした場合を計算して、左方向にあるグリーンに対してさらにカラダを斜めに構えて打ちました。ところが、またしてもボールはスライスしてラフへ……。

あなたもきっと、こんな右のラフを渡り歩くような経験をしたことがあるでしょう。繰り返しになりますが、「対角線理論を使って斜めに構えて打つ」のはとても難しいのです。

次ページのイラストを見てください。対角線理論を車で表すと、右端の車線から左端の車線へ一気に車線変更しているイメージです。

実際の車線変更では後続の車に注意して緩やかに隣の車線に移るのが基本ですが、ゴルフの場合もこれとまったく同じ意識が必要です。

この例をBOX理論でプレーする場合、右のラフからセカンドを打つときに、一気にグリーンやフェアウェイへとホールを横断するのではなく、とりあえず左隣の車線に構えます。

そしてドロー、もしくはフックを打ち、ターゲットに対して緩やかにボールを入れるようにします。また右車線にいるので、絶対に右へハンドルを切らないプレーに徹します。

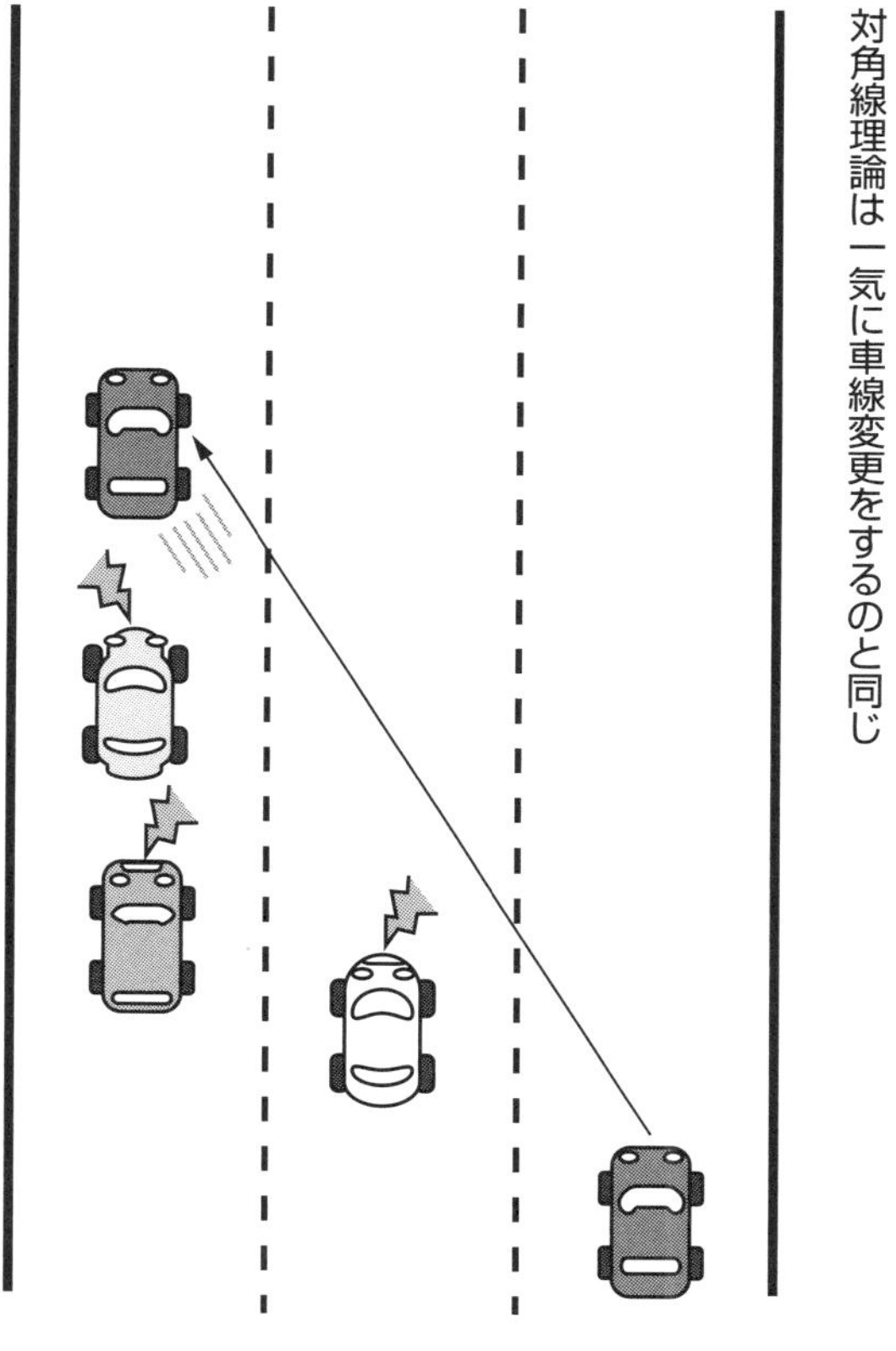

対角線理論は一気に車線変更をするのと同じ

対角線理論を使って斜めに狙うのはリスクが大きい。端から端まで一気に車線変更すると事故になる可能性が高いのと同じで、ゴルフでも緩やかに隣の車線へ移動する意識が必要

ミスショットは基本的には二つしかない

ここまで、ＢＯＸ理論とはどういうものなのかをお話してきました。その最後に、ゴルフにおけるミスショットについて、またＢＯＸ理論とミスショットの関係について説明したいと思います。

ミスショットというと、トップ、ダフり、チョロ、テンプラ、ヒッカケ、スライス、チーピンといったことをイメージされるでしょう。たしかにこれらもミスショットではありますが、これらの原因はほぼ「スキル不足」といっても過言ではありません。

つまり技量が足りないために起こるミスで、練習を重ね、また経験を積んでいけば解消されます。

しかし本当のミスショットというのは、基本的に二つしかありません。一つはインパクトでヘッドがボールに当たり負けしてフェースが開き、コスり球となって右に飛び、飛距離をロスするもの。もう一つはインパクトでフェースがかぶり、引っかかって思った以上

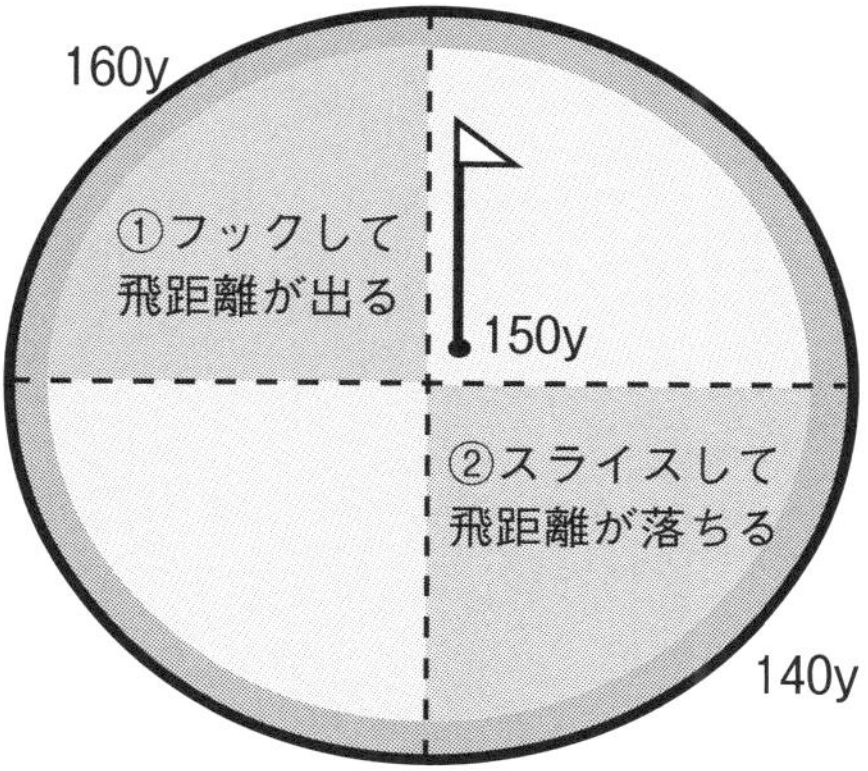

“本当のミスショット”はこの二つだけ！

に左に飛んでしまうものです。

もちろんこれ以外のミスもあるにはあるのですが、右方向に飛びすぎるといったミスは、インパクトの力学から見てもほとんどありません。つまりミスショットには、

①スライスして飛距離が落ちる
②フックして飛びすぎる

この二つしかないといえるのです。

ではここで、プロローグで出した問題について解説します。より難しいのはホールＡでしたが、その理由はおわかりでしょうか？

前述した二つのミスをもう一度よく思い出

してください。ホールAでは、コスり球となって飛距離が落ちると池が待っています。そして、引っかかって飛びすぎるとバンカーが待っています。

ホールBはコスって飛距離が落ちても花道もしくはグリーン手前にオンしますし、引っかかって飛びすぎてもピン奥につきます。つまり、ホールBの池やバンカーは見かけ倒しのハザードで、このホールは〝まことしやかなホール〟なのです。

逆にホールAは非常に難易度が高い「レダン・タイプ」と呼ばれるレイアウトです。このタイプのレイアウトでもっとも有名なのは、オーガスタナショナルGCの「魔の12番」のショートホールだと思います。

ホールのレイアウトを「左右が入れ替わっただけ」というようにピクチャーで捉えると、真のホールの姿や意図を見つけることはできません。それが見つけられないと、どう打てばよいのかわからないため、行き当たりばったりのプレーにならざるをえません。

オーガスタで開催されるゴルフの祭典「マスターズ」では、近年フィル・ミケルソンやマイク・ウィアなど、レフティの台頭が目立ちますが、その理由もBOX理論で説明できるかもしれません。

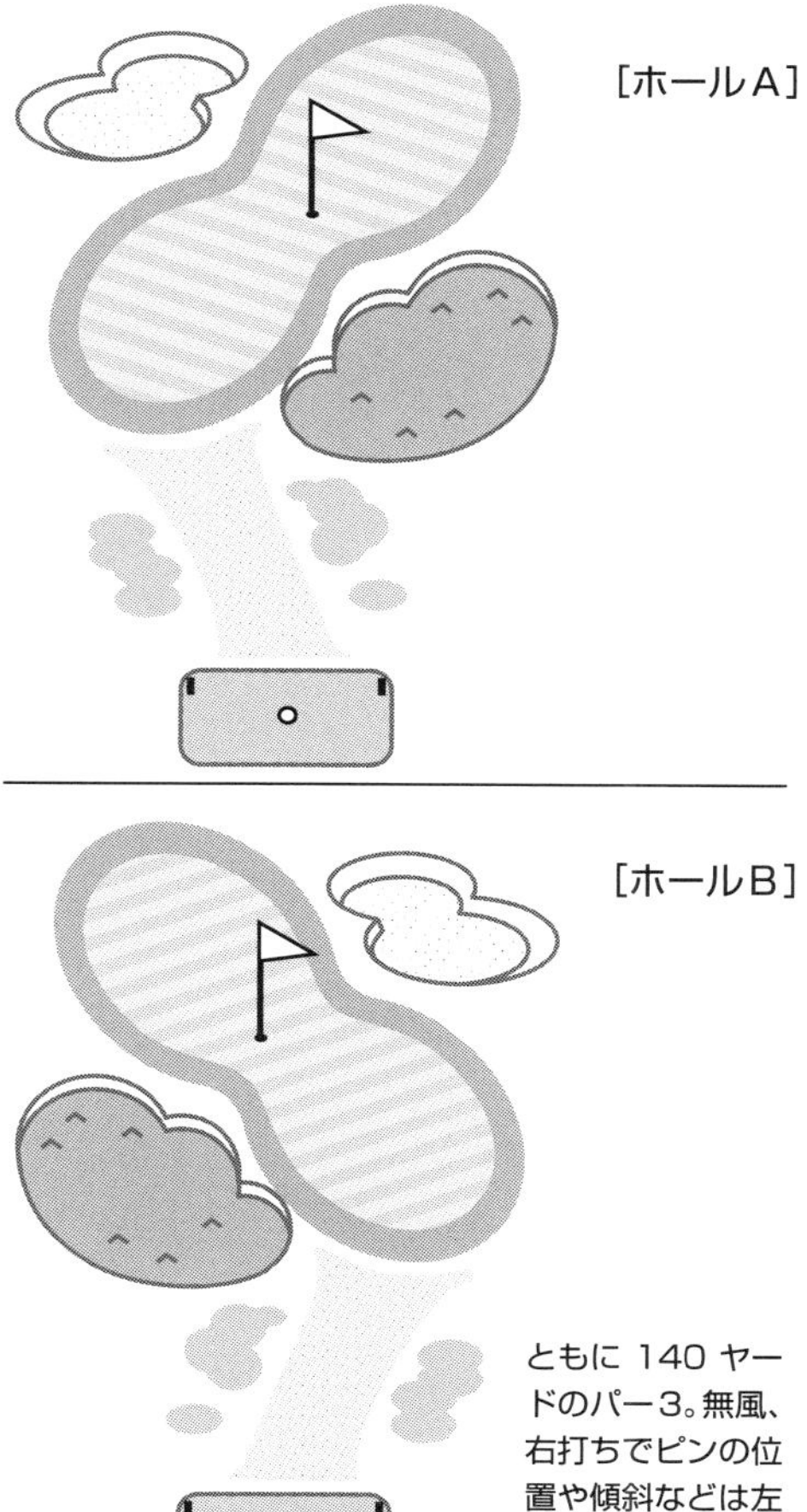

ともに140ヤードのパー3。無風、右打ちでピンの位置や傾斜などは左右が入れ替わっただけのレイアウト

決断して挑んだショットはミスとはいえない

ミスショットは基本的に二つしかないとお話ししましたが、ＢＯＸ理論ではその二つに加えて、もう一つミスショットと呼べるものがあります。

それは、左にハンドルを切らなくてはいけない場面で右にハンドルを切ることと、右にハンドルを切らなくてはいけない場面で左にハンドルを切ることです。これはＢＯＸにおいてとても大切なポイントなので、必ず頭に入れてください。

では、左にハンドルを切らなければいけないケースで、左にハンドルを切りすぎてスピンしたような場合は、ミスと呼ぶのでしょうか？　つまり「10ヤード左に曲がるドローボールが必要な状況で、20ヤード曲がってバンカーにつかまった」というケースです。

これはＢＯＸ理論ではミスショットとはいわず、「仕方のないこと」と割り切ります。

コース戦略、つまりＢＯＸ理論で大切なのは、〝コースリーディングをしてコースの要求を見抜き、どこに、どんな球筋を打つか〟を決断したら、その決断に自信をもって挑むことなのです。

要求に対して挑戦することこそが「コースとの対話」であり、「コースとの融和」です。そして、これができてはじめてゴルフというゲームの奥深さに出会えるのです。

ところがゴルファーは往々にしてぜいたくなもの。

右にハンドルを切ってはいけない状況で、左にハンドルを切りすぎてスピンすると、「あっ、やりすぎた！」と思い、次のショットからは左にハンドルを切らないようにと考えだします。

すると当然、右方向へ飛ぶショットが出だし、左右両方のミスが出るようになります。そして、結局はどっちつかずのプレーになってしまうのです。

第4章

スコアアップに直結する「BOX理論」の使い方

ＢＯＸ理論を実践する5つのメソッド

ここからは、実際にコースでＢＯＸ理論を使うための5つのメソッドを紹介していきましょう。

ティグラウンドに立って最初に行う「メソッド1」は、ホールセンターラインがどこなのかを見つけることです。

メソッド1　ホールセンターラインを見つける

ホールセンターラインというのは、グリーンの中央からフェアウェイ中央、もしくはインターポイント（ＩＰ＝もっとも理想的なティショットの落とし所）を通ってティグラウンド方向へと伸びる仮想のラインのことです。

もっとシンプルにいうなら、フェアウェイを左右で二等分する線を引いてみてください。

これがホールセンターラインです。このラインを、必ずしもティグラウンドと結ぶ必要はありません。魚の切り身や肉片を二等分するように包丁を入れるのと同じです。

ホールセンターラインを見つけられると、いま立っているティグラウンドの位置がホールセンターラインに対して中央にあるのか、右側なのか、左側なのかがわかります。

それがわかると、フェアウェイの右サイドと左サイドではどちらが広いのかがわかり、大まかではありますが、ホールが要求している弾道も見えてくるのです。

次ページのイラストAのように、ストレートなホールでグリーンとティグラウンドがほぼ一直線なら、ホールセンターラインを見つけるのは容易です。

しかし、イラストBやCのようにティグラウンドが左右にズレている場合、それに気づかず、つい自分が立っているティグラウンドからグリーン中央に向かって、ホールセンターラインを引いてしまうことがあります。

そうすると、いつもティグラウンドの位置がホールの中央になってしまい、ホールセンターラインに対して、ティグラウンドが左右どちらに偏っているかがわかりません。

そのため、必ずグリーンとの位置関係を参考にしながら、ＩＰ付近を基準にフェアウェ

メソッド1　ホールセンターラインを見つける

〔イラストA〕

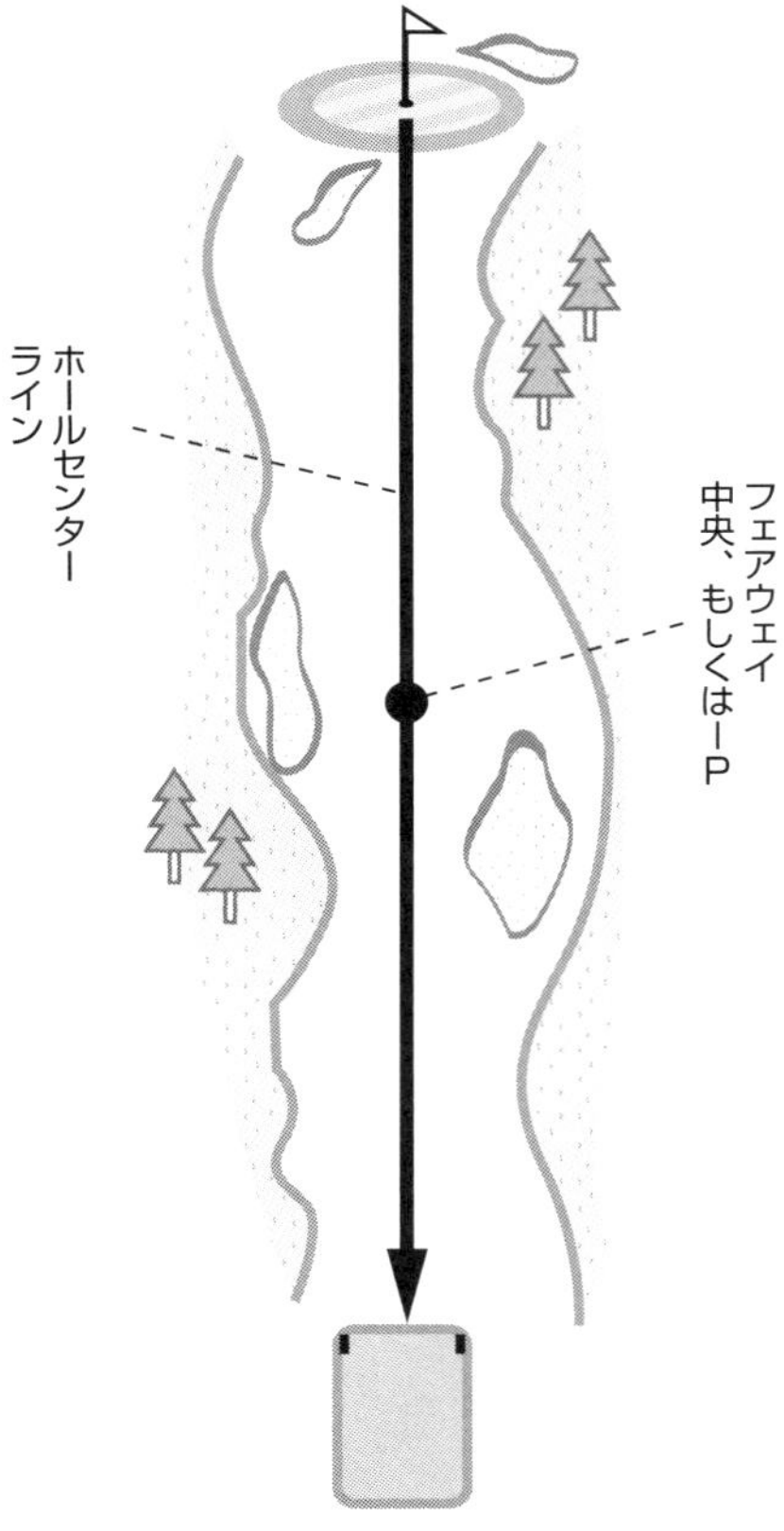

ティグラウンドに立ったら、グリーン中央からフェアウェイセンター（もしくは IP）を通って、ティグラウンドまで仮想のホールセンターラインを引く。すると、ホールセンターに対してティグラウンドが中央か、右側か、左側かがわかり、ホールが要求している大まかな弾道が見える

〔イラストC〕

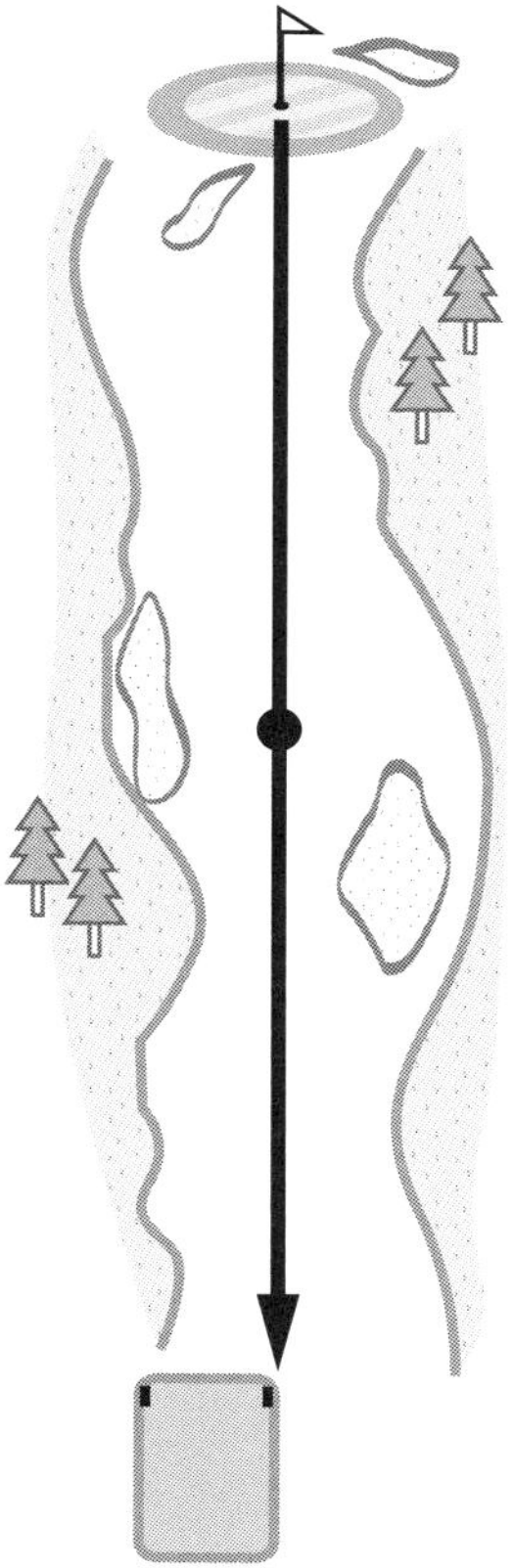

〔イラストB〕

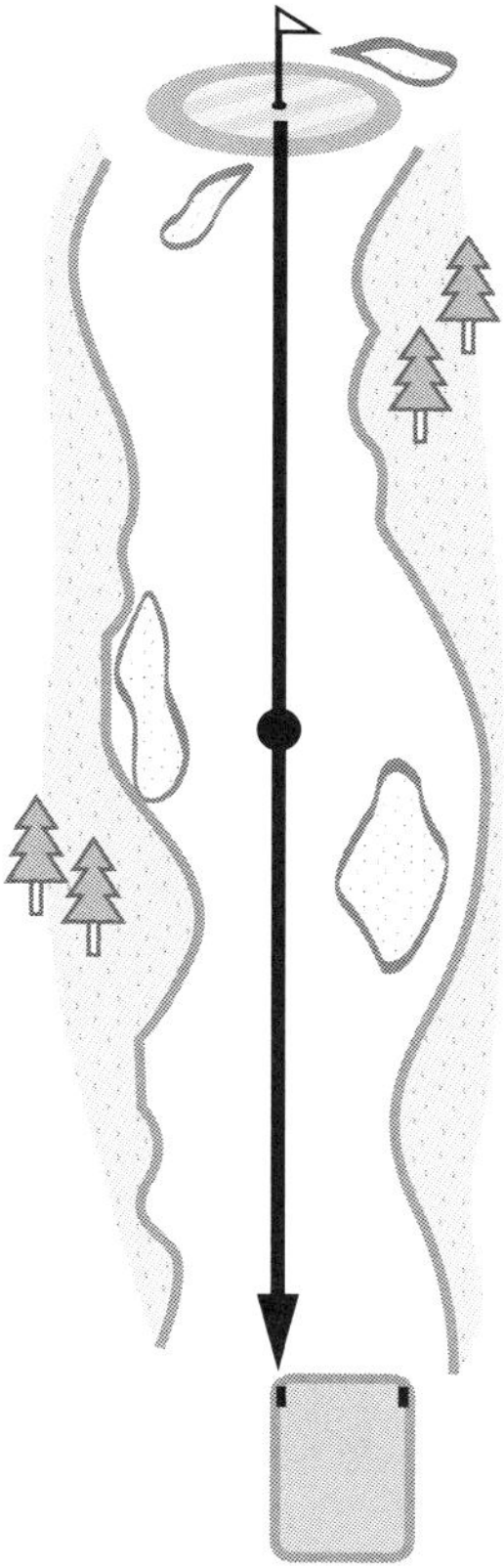

ストレートなホールでも、ティグラウンドの位置がホールセンターラインの延長線上にあるとは限らない。イラストB、Cのように、左右に振られていることも多いので必ずチェックする

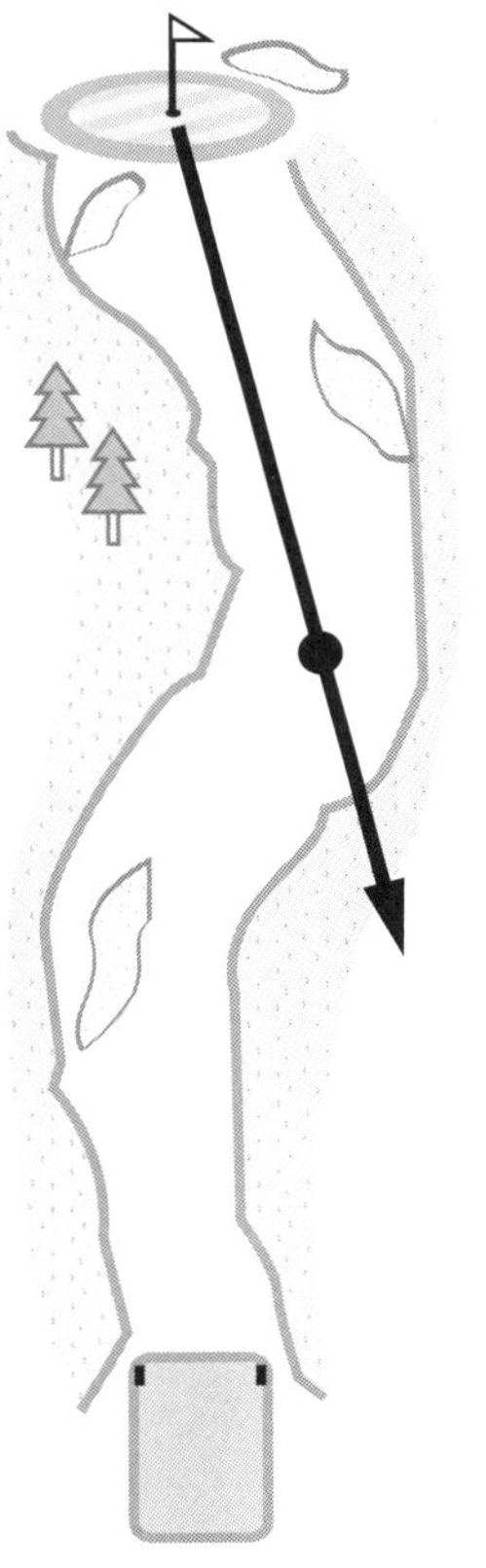

ドッグレッグホールと同様、S字型ホールでは上のようになる

グリーン中央とフェアウェイ中央、もしくは IP を結んだものがホールセンターラインなので、ドッグレッグホールの場合は上のようになる

イを左右二等分するラインを見つけてください。

　ホールセンターラインが正しく引けると、イラストBではホールセンターラインに対してティグラウンドが右にあることがわかり、イラストCではホールセンターラインに対して左にあることがわかります。

メソッド２　ホールセンターラインとティグラウンドの位置関係を見る

　メソッド２ではホールセンターラインとティグラウンドの位置関係をチェックします。つまり、ホールセンターラインとティグラウンドがどれだけ離れているか、どれだけズレているかを確認するのです。

　次ページのイラストのように、ティグラウンドの位置がホールセンターより右にある場合でも、A、B、Cでは大きな違いがあります。この違いをしっかりと把握することでホールセンターと自分の立ち位置、つまりアドレスする位置がどういった関係にあるのかがわかるため、目安となるターゲットを見つけやすくなるのです。

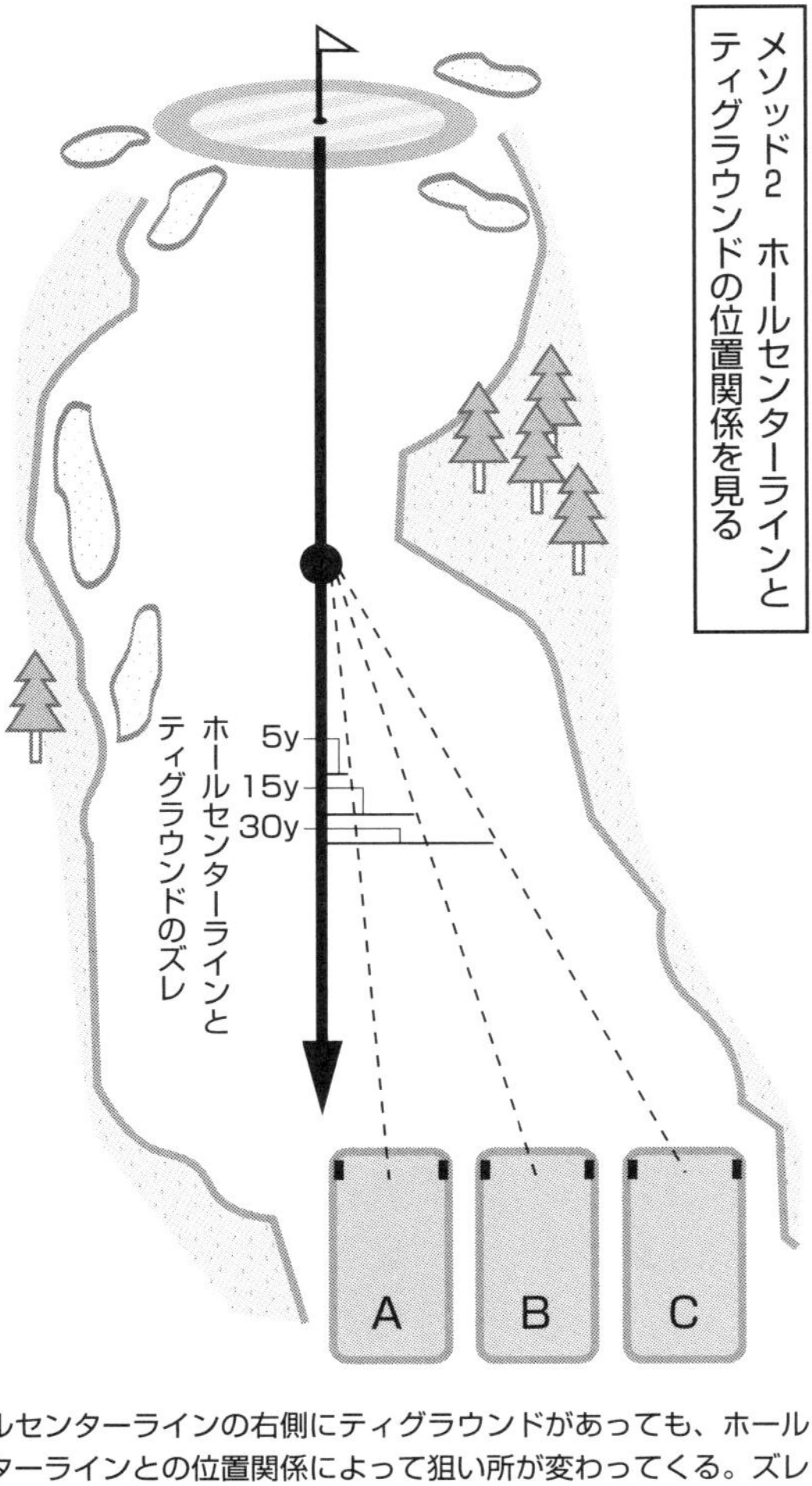

ホールセンターラインの右側にティグラウンドがあっても、ホールセンターラインとの位置関係によって狙い所が変わってくる。ズレをしっかりと把握し、自分のアドレス位置を再確認しよう

メソッド3　ティグラウンド自体の向きをチェックする

次に、ティグラウンドそのものがどこを向いているかをチェックします。メソッド２でティグラウンドの位置をチェックしますが、仮にティグラウンドとホールセンターラインが重なっていたとしても、ティグラウンドの向きが左右にズレていることがあります。ここでは、あくまでもティグラウンド自体の向きをチェックします。

113ページのイラストを見てください。

・ティグラウンド「Ａ」
ティグラウンドの位置はホールセンターより左。ホールセンターからのズレは小さく、フェアウェイ左サイド相当。ティグラウンドの向きはホールセンター

・ティグラウンド「B」
ティグラウンドの位置はホールセンターより右。ホールセンターからのズレは小さく、フェアウェイ右サイド相当。ティグラウンドの向きはフェアウェイの右サイドギリギリ

・ティグラウンド「C」
ティグラウンドの位置はホールセンターより右。ホールセンターからのズレは大きく、右ラフに位置する。ティグラウンドは正面の右ラフを向いている

この中で特に気をつけなければいけないのは「C」で、こういったパターンはレディスティやプレイング4のティグラウンドによく見られます。

このようなティグラウンドから打つ場合、左に大きく曲がるボールが求められています。それを意識しすぎるとチーピン、または逆にプッシュアウトなどが出やすくなるため、この場合はやむを得ず、フェアウェイ方向に「斜め」に向いて打つしかありません。

前述したように、矛盾点が多く難易度が高いため、BOX理論では斜めに向いて打つと

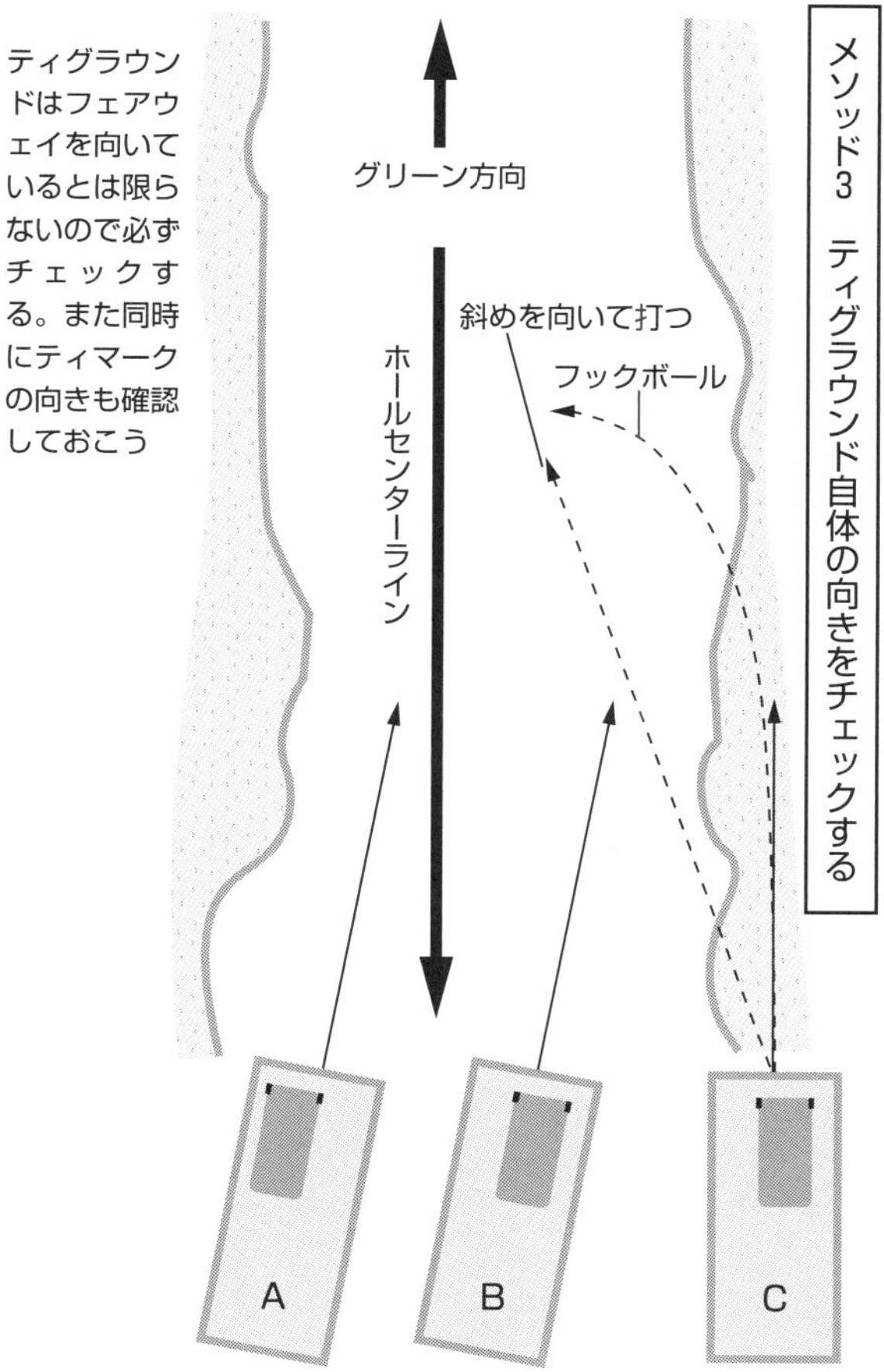

メソッド3　ティグラウンド自体の向きをチェックする
ティグラウンドはフェアウェイを向いているとは限らないので必ずチェックする。また同時にティマークの向きも確認しておこう

Cのティグラウンドからだと、フックを打たないとフェアウェイをキープできない。そのため、やむをえず斜めを向いて打つことになる

いうことは基本的にしません。しかしコースによっては、斜めに向かなければ打てないという状況も発生します。

そのようなケースでは、十二分に注意してショットしましょう。

メソッド4　ホールの特性を知る

メソッド4ではホールレイアウトによる特性をチェックします。ゴルフでは打ち上げのホールではボールが右に飛びやすく、打ち下ろしのホールではボールが左に飛びやすいという特性があります。

プレーヤーからすると、打ち上げのホールというのは「ボールを上げたい」という意識が働くので、自然とカラダもフェースも開き気味になり、その結果、ボールが右方向へと飛んでしまうのです。

打ち下ろしは逆にカラダもフェースもかぶって入りやすいため、引っかかって、ボールは左へと飛んでしまうのです。このようなホールの特性を知らないゴルファーは多いものなので、しっかりと頭に刻み込んでください。

メソッド5　クラブの特性を知る

最後のメソッド5はクラブの特性を知るということです。右に飛びやすいホールや左に飛びやすいホールがあるのと同様、クラブにも右へ飛びやすい番手と、左へ飛びやすい番手があるため、クラブの特性をしっかりと知っておく必要があります。

右へ飛びやすいクラブとは、ドライバー、アイアン型ユーティリティ、ロングアイアンで、これらはいわゆる「つかまりの悪いクラブ」です。

左へ飛びやすいクラブとは、クリーク以下のフェアウェイウッド（場合によってはスプーンも）、ショートアイアン、ウエッジで、いわゆる「つかまりの良いクラブ」です。

いま紹介した5つのメソッドを組み合わせてプレーするのがBOX理論です。

まずメソッド1、2、3を順番通り行って、優先順位をつけます。そして、その優先順

ボールが右へ飛ぶ要素	ボールが左へ飛ぶ要素
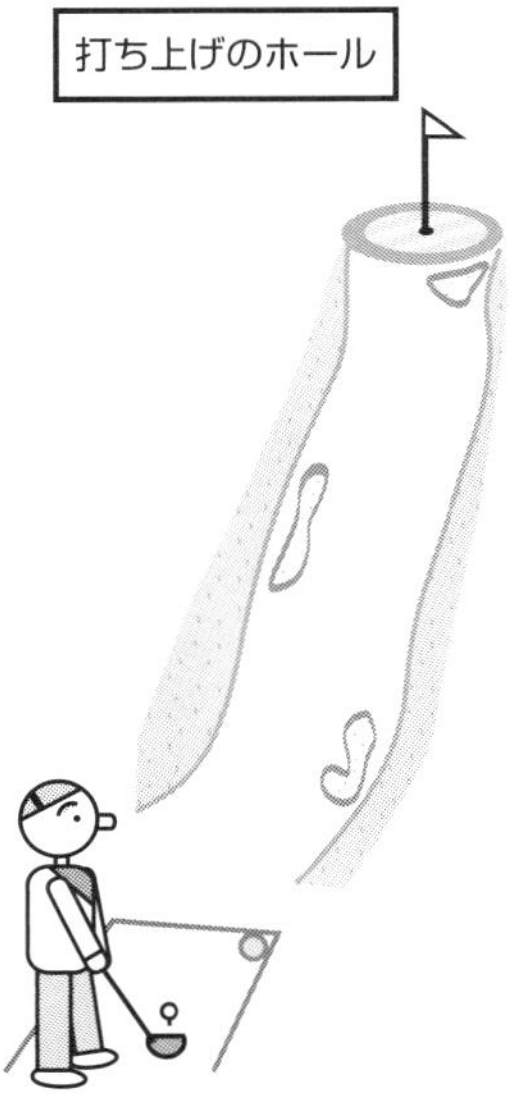	
ドライバー アイアン型 ユーティリティ ロングアイアン	5W以下のフェアウェイウッド (場合によっては3Wも) ショートアイアン ウエッジ

位にメソッドの５と６の要素を組み合わせてＢＯＸを設定し、そこにショットを打っていくのです。

したがって、５つのメソッドの要素をすべて足してからそれを５で割り、その答えからＢＯＸの設定を行うわけではありません。自分にできそうなもの、成功率の高そうなものを選び、それらを組み合わせればよいのです。要するに５つのメソッドは、「自分に何ができるか」を決断するための、指針の役目を果たします。

コースは車線で考えるとわかりやすい

ＢＯＸ理論を使っていくための５つのメソッドを紹介しましたが、実際にコースで使う場合にはいろいろな疑問点等が出てくると思います。そこで、ここからはＢＯＸ理論の原則と主な注意点を紹介していきましょう。

以下はＢＯＸ理論の原則です。

・ホールセンターラインに対して、ティグラウンドの位置が右にある場合
↓ドローボールのホール
・ホールセンターラインに対して、ティグラウンドの位置が左にある場合
↓フェードボールのホール

よく、フェアウェイ中央（ＩＰ）と、ティグラウンドを結ぶラインをチェックする人がいますが、それは間違いです。フェアウェイ中央とティグラウンドを結ぶラインがホールセンターラインではないので注意してください。

ホールセンターラインに対してティグラウンドが右側だと、なぜドローのホールになるのかというと、その状態というのはティグラウンドの右側のすぐ間近に、危険地帯が迫っていることになるからです。逆に、ティグラウンドが左側にあればその逆で、フェードのホールになるわけです。

つまり、ホールセンターラインに対するティグラウンドの位置によって、大まかですが、ホールが求めている弾道、すなわち打たなくてはいけない弾道が見えるということです。

前述した車線の例で説明すると、ティグラウンドが右側にあるということは、プレーヤーは右車線を走っていることになります。

もし、右車線を走っていて右にハンドルを切ったら、側壁に激突してしまいます。ということは、ドローボールもしくは最悪でもフックを打たなければならないということです。

逆の場合もまったく同じで、ティグラウンドが左側にあるということは、プレーヤーは左車線を走っていることになるため、フェードボールしか打てません。

このことから、メソッド1ではティグラウンドの位置が右側なのか左側なのかを知り、「このホールは右にハンドルを切るホールなのか？」「左にハンドルを切るホールなのか？」を大まかにチェックするのです。

ホールセンターラインとなるべく平行に打つ

メソッド2ではホールセンターラインとティグラウンドの位置関係やズレをチェックし、

メソッド1の原則と注意点

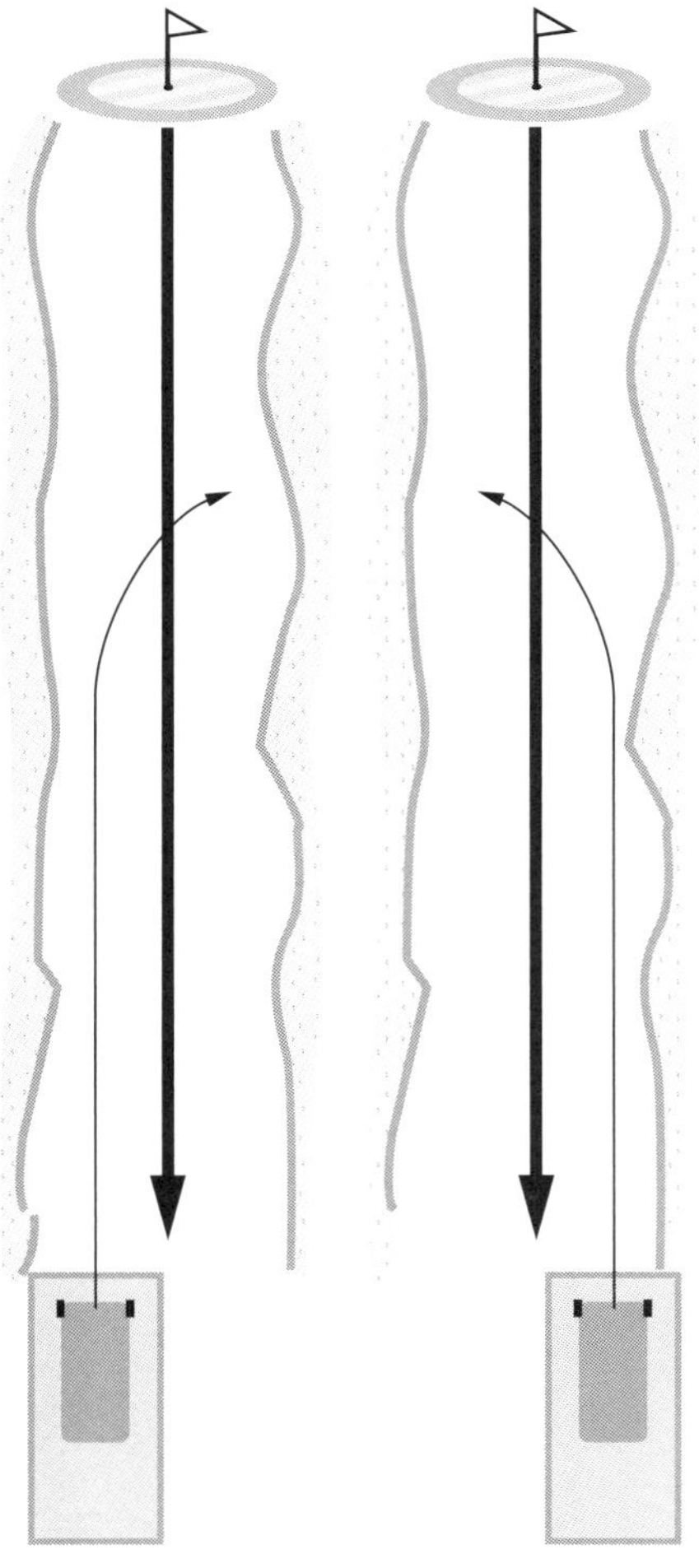

ホールセンターラインに対してティグラウンドが右側にあると、フェアウェイの左サイドを広く使える。そのためドローが原則

ホールセンターラインに対してティグラウンドが左側にあると、フェアウェイの右サイドを広く使える。そのためフェードが原則

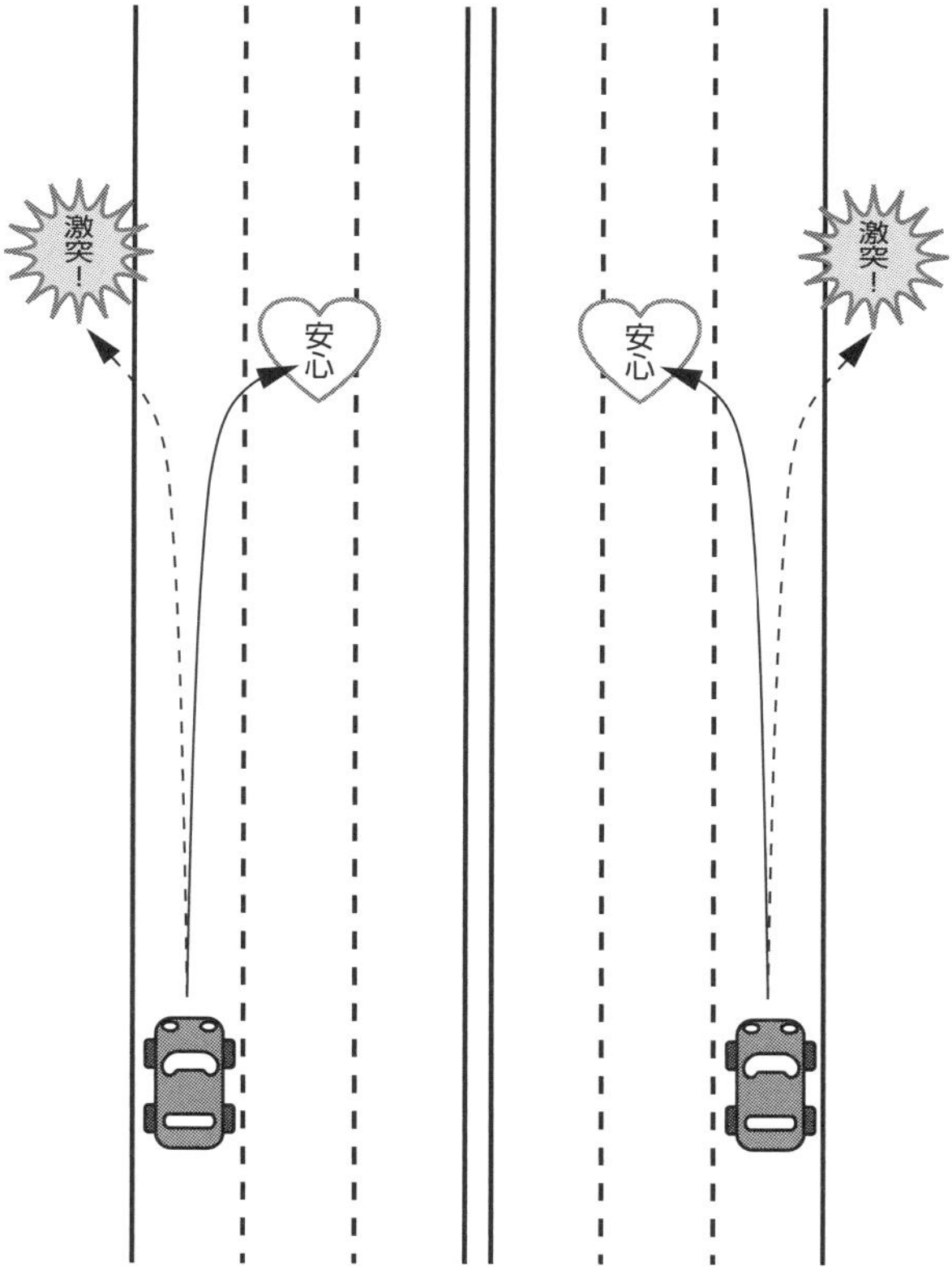

右側にティグラウンドがあるということは、右車線を走っているのと同じこと。そのため右にハンドルを切れないので、左にハンドルを切ることが絶対条件となる。左の場合はこれとまったく逆

メソッド3ではティグラウンド自体の向きをチェックしますが、これらの状況によっては、メソッド1の「ティグラウンドが右にあるときはドローボール」「左にあるときはフェードボール」という原則が成り立たないケースもあります。

次ページのイラストAのティグラウンド①も②も、ホールセンターラインに対して①はほぼ中央、②は少し右側なのでフェアウェイ左サイドが広く、原則通りドローボールを打っていけば問題ないといえます。

しかしイラストBのようにティグラウンドとホールセンターラインの位置関係がかなり離れていて、右側に大きくズレている、いわゆるドッグレッグホールの場合、ティグラウンドが右側だからといってフェアウェイの左サイドのほうが広いということにはなりません。

仮に原則通りにドローボールを打つと、かえってグリーンから遠ざかってしまったり、OBになることも考えられます。

このような場合、最も優先すべき答えは、ホールセンターラインに対していかに角度をつけずにボールを入れていくかということになります。角度をつけないというのは、ホー

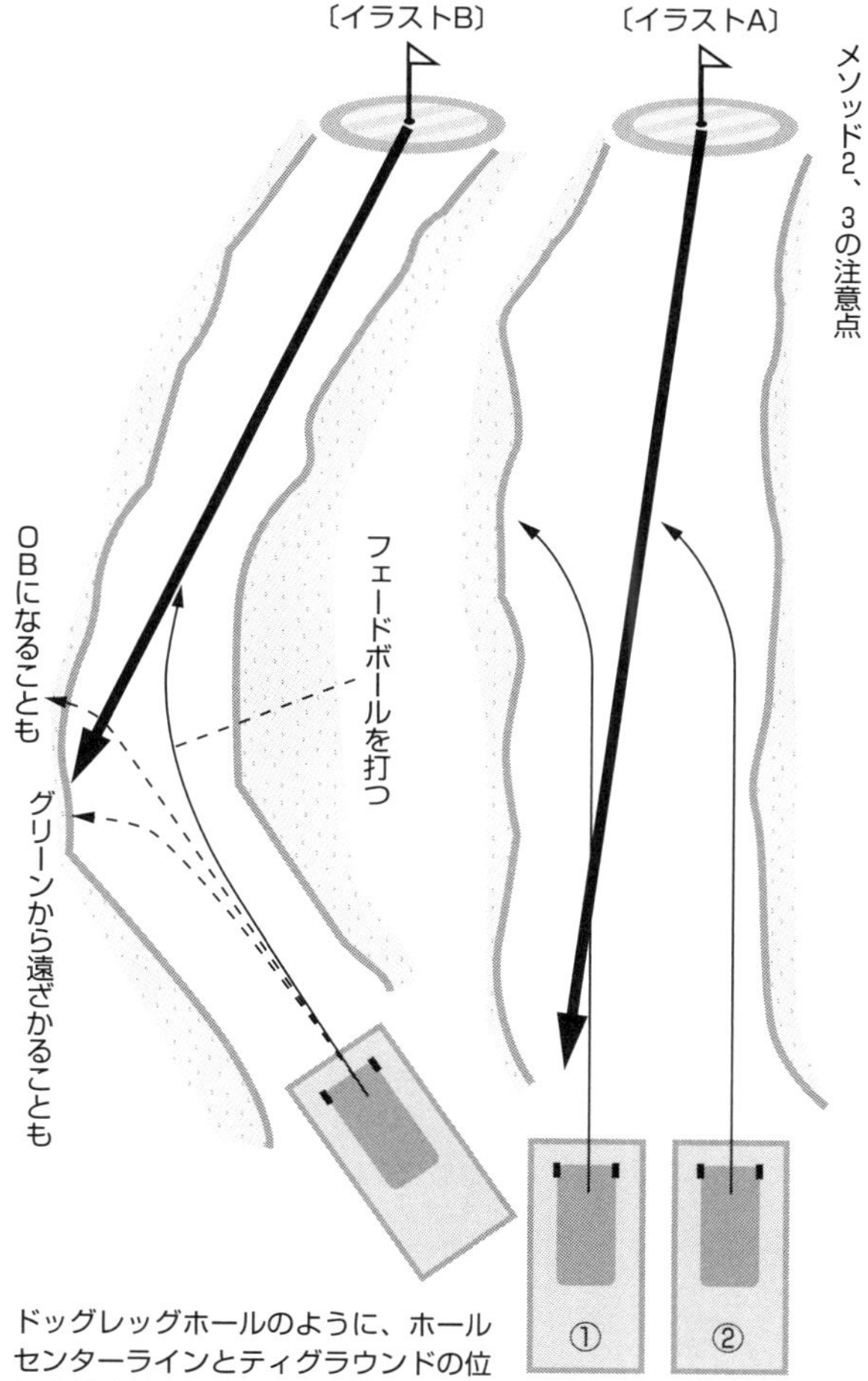

ドッグレッグホールのように、ホールセンターラインとティグラウンドの位置関係が離れたりズレている場合、原則通りに打てばよいということにはならない

ルセンターラインに対してできるだけ緩やかな角度（鈍角）でボールを打つということで、これはBOX理論の根幹を成す非常に重要なポイントです。

緩やかな角度でボールを打つには、当然フェードボールでなければなりません。ということは、ホールセンターラインに対してティグラウンドが右側にあっても、位置関係が離れていたりズレが大きい場合は、原則論のドローボールではなく、フェードボールが求められるということです。

ただし、ここでいう「緩やか」とはホールセンターラインに近づくような球という意味ではありません。あくまでも、「角度をつけない」ということで、イメージとしてはセンターラインにできるだけ「平行」に近い角度でボールを入れていくということです。

「しっくりこないホール」は肩の向きが原因だった

もう一つ重要なことは、ティアップの位置です。ティグラウンド内の右側と左側では、

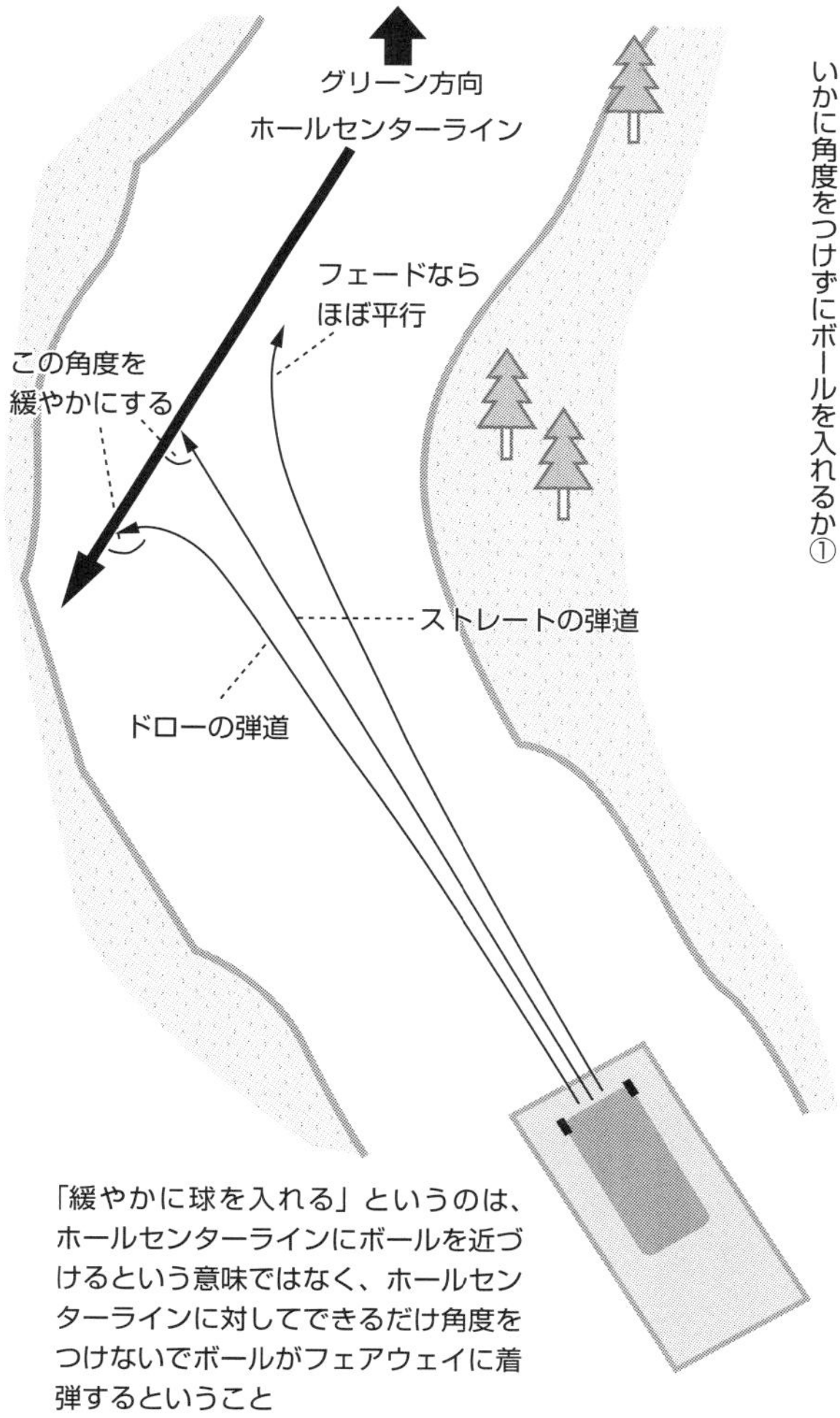

「緩やかに球を入れる」というのは、ホールセンターラインにボールを近づけるという意味ではなく、ホールセンターラインに対してできるだけ角度をつけないでボールがフェアウェイに着弾するということ

いかに角度をつけずにボールを入れるか①

いかに角度をつけずにボールを入れるか

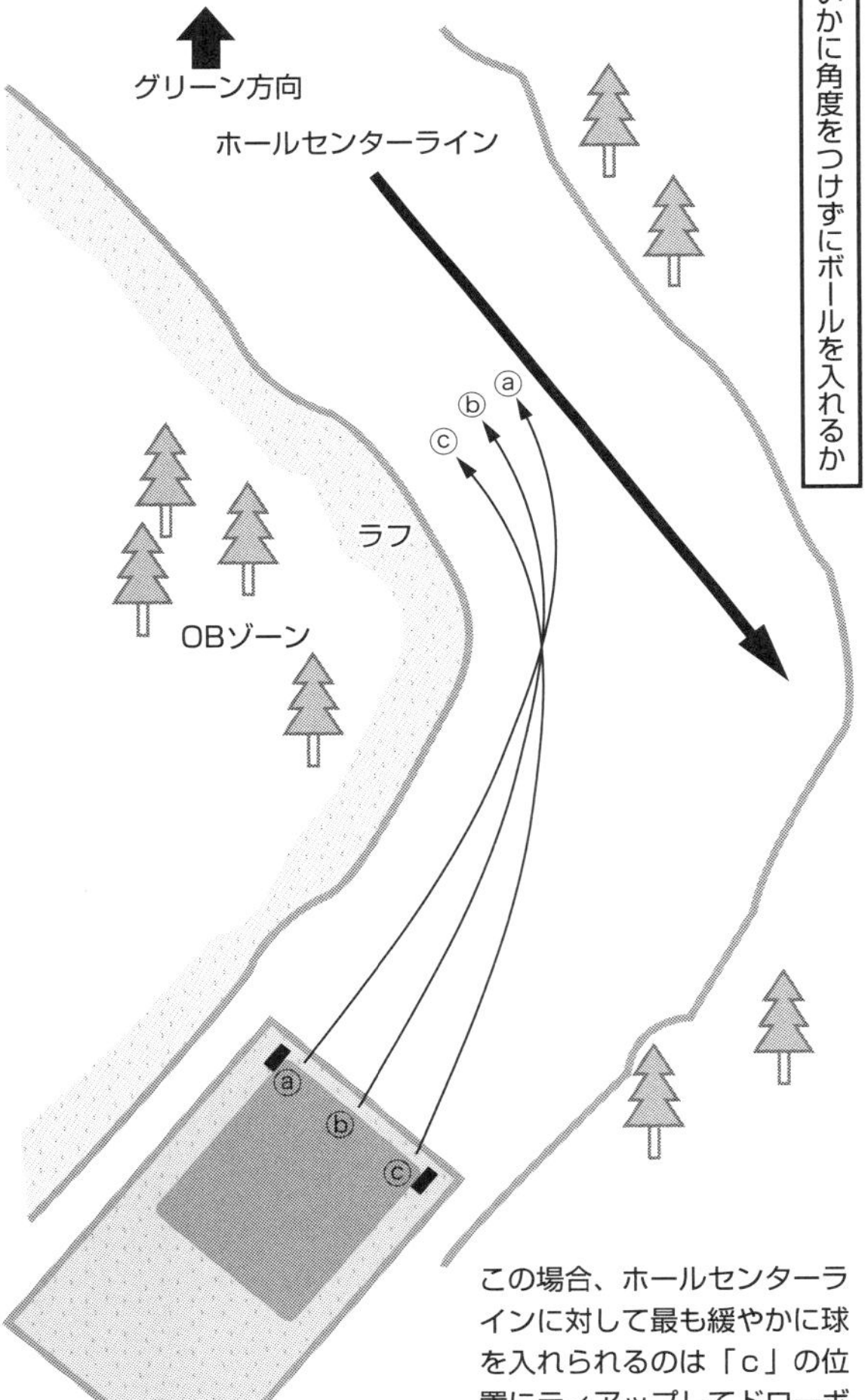

この場合、ホールセンターラインに対して最も緩やかに球を入れられるのは「c」の位置にティアップしてドローボールを打つこと

ホールセンターラインに対する角度が変わってきます。

右のイラストを見てください。これは左ドッグレッグホールの一部を拡大したもので、特にティグラウンドはわかりやすいように大きく表示しています。

このホールは、ホールセンターラインの左側にティグラウンドがありますが、ドッグレッグなので原則論のフェードではなく、ドローが求められます。また、できるだけホールセンターラインに対して角度をつけないでボールを打つことがＢＯＸ理論の原則です。

これをふまえて、あなたなら「a」「b」「c」のどこにティアップして打ちますか？

もうおわかりだと思いますが、もっとも角度が緩やかになるのは「c」の位置です（a、b、c共にまったく同じ距離、まったく同じ曲がり幅と仮定した場合）。

なぜなら、イラストからもわかるように「c」が最もホールセンターラインと平行に近い弾道でフェアウェイに進入していくからです。

ＢＯＸ理論的には、「c」の位置にティアップすることが正解といえますが、気をつけなければいけないのは、「c」は「a」や「b」に比べ、ティの向きに対して斜めを向く角度がきついということです。

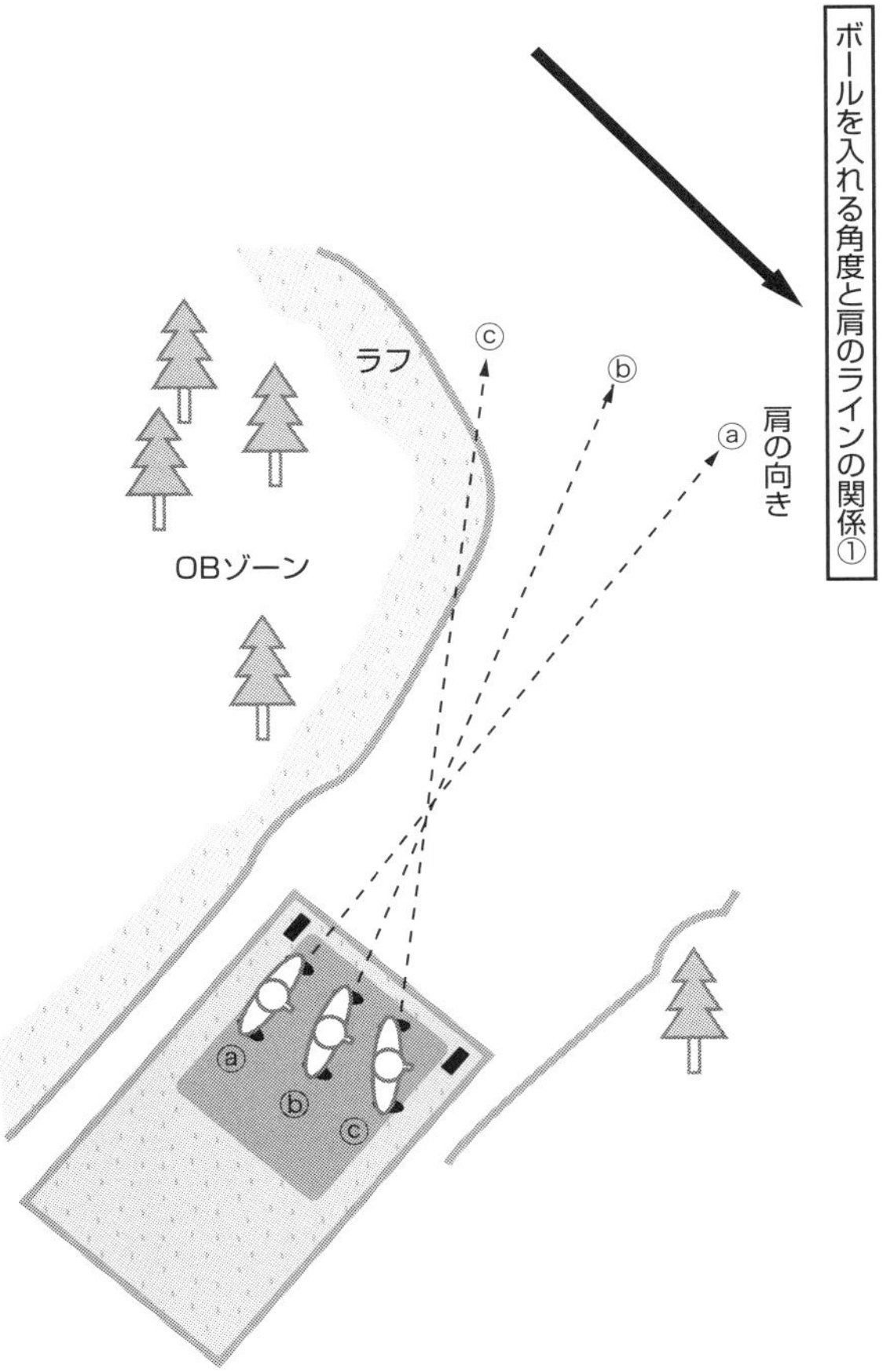

「c」が最も緩やかに球を入れられるが、斜めを向く角度が大きくなるので十分に注意する必要がある

それはどういうことかというと、肩のラインがOBゾーンの中を向くということです。実際にティグラウンドに立ったときのことを想像してください。肩のラインがOBゾーンを向くということは、かなりの違和感になるはずです。

ホームコースでも「アドレスがしっくりこない、苦手なホール」があると思いますが、その違和感の正体とは、肩の向きがOBゾーンやハザードなど、プレーするエリアの外を向いているからなのです。

それともう一つ、覚えておいてほしいことがあります。右ページのドッグレッグホールを例にしますが、このホールはホールセンターラインに対して左側にティグラウンドがあるため、車線でいえば左車線を走っていることになります。

となると、このホールでは「c」の位置にティアップして緩やかな角度でドローボールを打つという選択肢と、左車線にいるので右にハンドルを切る、つまりフェードボールを打つという選択肢があるわけです。

この場合、ハイリスク・ハイリターンなのは、「c」の位置からドローボールを打つという選択です。

その理由は、左車線にいるのに左にハンドルを切ることと、斜めを向かなければならないということからです。逆にフェードボールを打つことは、グリーンまでの距離が残ることからローリスク・ローリターンな選択だといえます。

あなたがどちらを選択したとしても、間違いではありません。

重要なのは、ドローを選択した場合には斜めを向くというリスクがある、フェードを選択した場合はグリーンまで距離が残るという、それぞれのリスクを肝に銘じることです。

BOX理論では、自分ができることを選択し、決断し、それに挑んでいくのが目的です。これを履き違えて解釈し、攻め一辺倒のごう慢なプレーに走ると、コースと融合できずにあなたの望むプレー（スコア）を手にすることはできないでしょう。

戦略はテクニックに大きく依存する

「緩やかに球を入れる」「できるだけ斜めにしない」という点からもわかるように、〝ホー

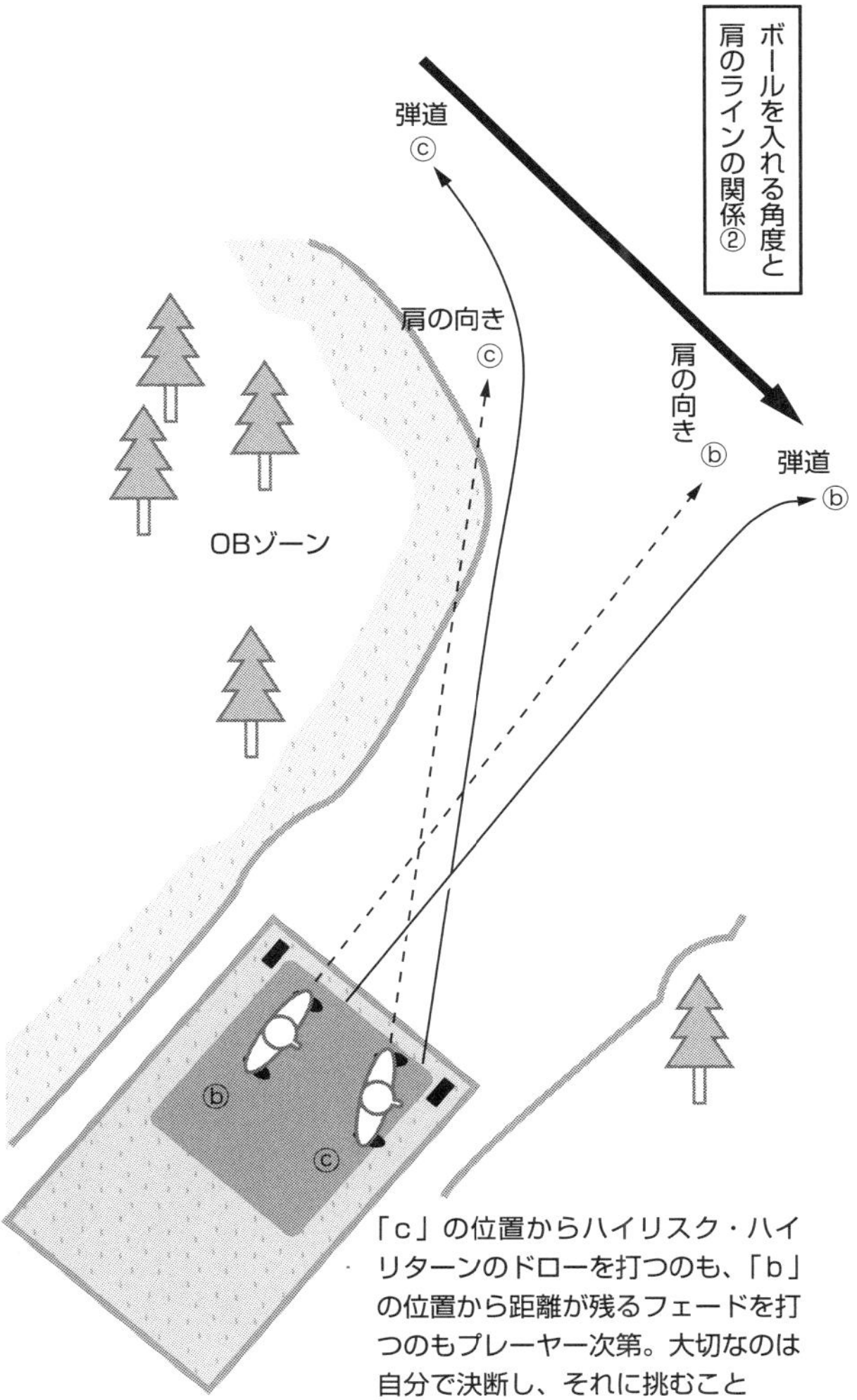

「c」の位置からハイリスク・ハイリターンのドローを打つのも、「b」の位置から距離が残るフェードを打つのもプレーヤー次第。大切なのは自分で決断し、それに挑むこと

ルに対してどんな角度でボールを入れるか〟はＢＯＸ理論のキーワードです。

134ページのイラストを見てください。これはフェアウェイからのセカンドショットで、「a」の右サイド、「b」の真ん中、「c」の左サイドという三カ所から、グリーンの右端に切ってあるピンを狙う場面です。

ピンを狙うには「a」から打つのが最もやさしく、続いて「b」「c」の順になります。「a」からであればいつもの練習場でのスイングで単純にストレートボールを打てばよく、「b」「c」になるにつれ、右への曲がり具合を大きくする必要があるからです。

これをふまえると、右端にピンが切ってあるときは、ティショットを右サイドに運べば最も容易にピンを狙えることになります。

しかしベテランのNプロなどは、ティショットを左サイドに置いたほうが右端のピンを狙いやすいといいます。つまり「c」からのセカンドのほうがグリーンを広く使えるので、常に対角線で狙える位置にティショットを打つようにしているというのです。

これは、「広いほうから球を入れる」というコース戦略の原則にのっとった考え方で、この戦略も間違いとはいえません。

ただ、右端のピンを狙う場合、「a」の位置から狙ったほうが簡単に『仮想ＢＯＸ』を設定できます。わかりやすくいえば、「a」からまっすぐに狙うということは、練習場の打席からまっすぐに打つのと同じだといえます。

つまりＢＯＸ理論は、余計なことを考える必要がないとてもシンプルな戦略なのです。

それと比較すると、「b」はギリギリ『２ＢＯＸ』のフェードで打てますが、「c」はどうしても難易度の高い「斜めを向く」という要素が入ってきます。

では、ＢＯＸ理論で「c」の位置からセカンドを打つ場合はどうするのかというと、曲がり幅の大きいフェードで狙う方法がまずひとつ。テクニックの問題でそれができない場合は、ストレートに打ってグリーンの左側に乗せ、次のパッティングで勝負します。

つまり、プレーヤーにインテンショナルショットを打つ技術がないときは、技術がないなりの方法で狙っていくわけです。

というと、「こんな狙い方じゃ、フラストレーションが溜まってしようがない」と憤る方も多いでしょう。

それが実力だから仕方がない、とガマンできないなら、スキルを上げるしかありません。

セカンド地点と角度の関係①

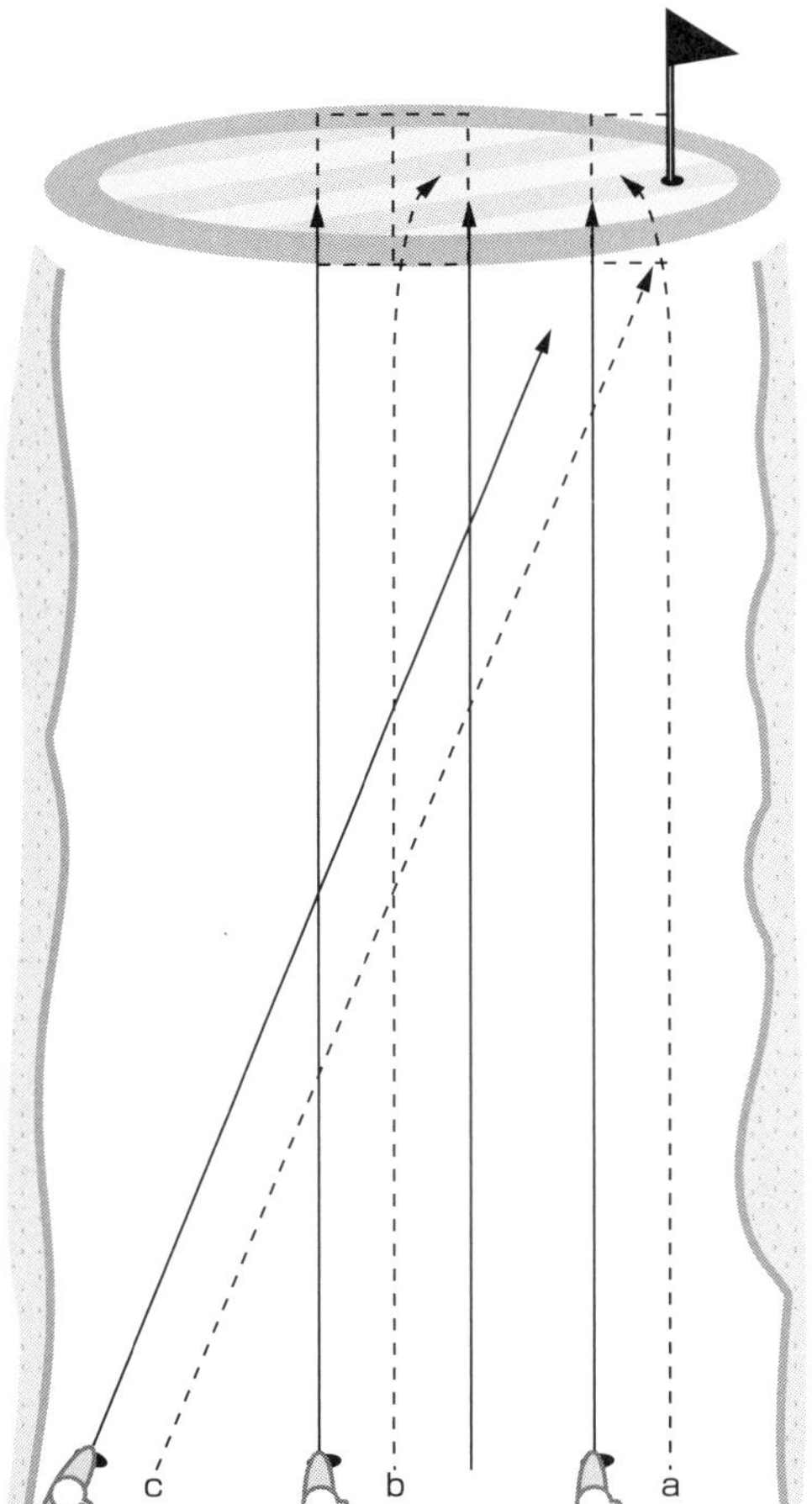

右端のピンを狙う場合、「a」ならストレートか 1BOX のドロー。「b」もギリギリで 2BOX のフェードで狙える。しかし「c」は斜めを向いて打つことになるため難易度が高い

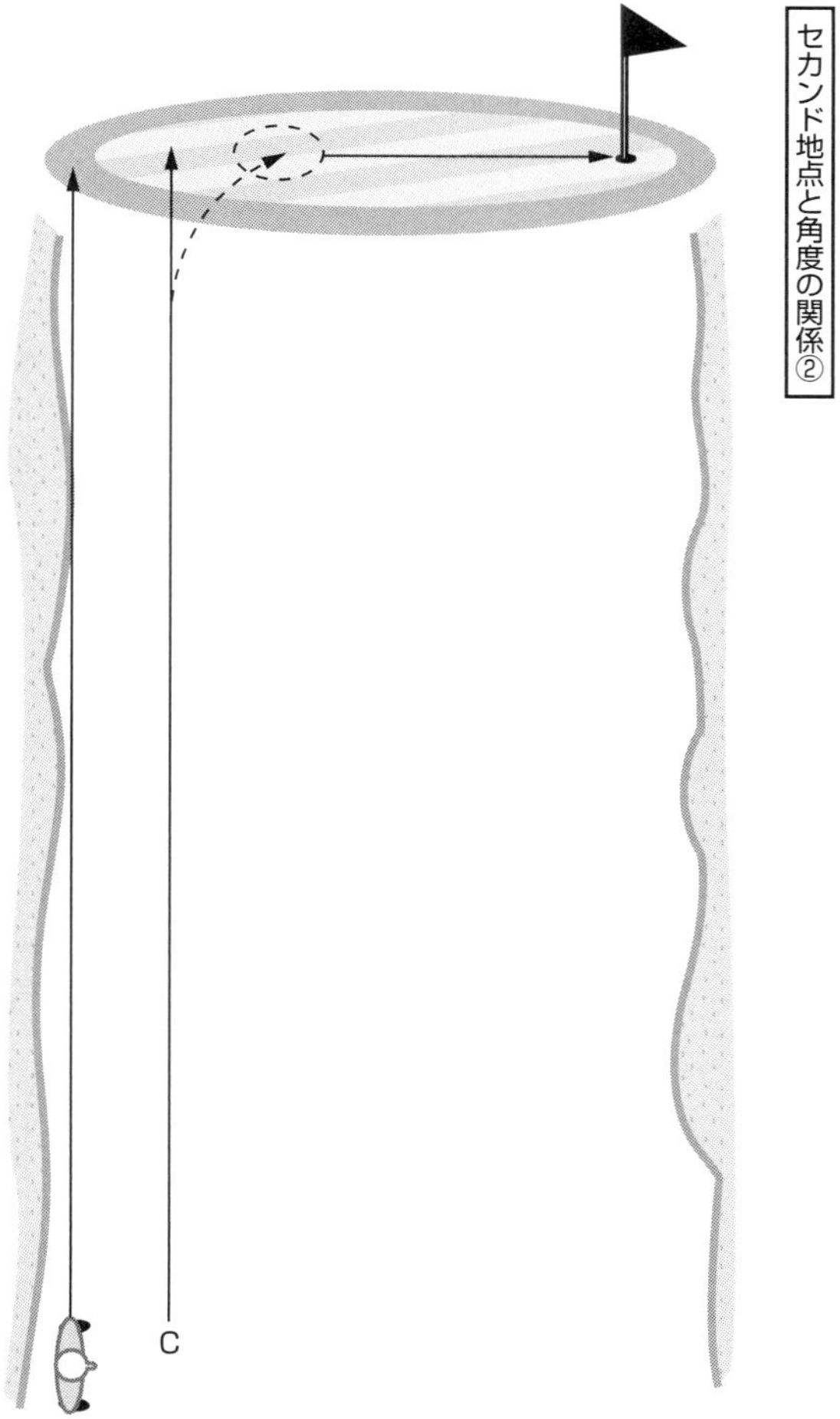

BOX理論で「c」の位置からセカンドショットを打つ場合、斜めに狙うのではなくストレート、もしくはフェードでグリーンの左を狙い、パッティングで勝負する

最も大切なのは、自分のできることを選択して「ポジティブ」なプレーをすることです。

このことから、BOX理論はコース戦略であるにもかかわらず、ゴルファーのスキルアップをも促す、メンタルコーチだともいえるのです。

意外に知らない人が多いクラブとホールの特性

メソッド4の「ホールの特性を知る」とメソッド5の「クラブの特性を知る」は、どちらもボールが左右のどちらに飛びやすいかを示したものです。メソッド1からメソッド3を吟味し、優先順位をつけたホール特性にこのメソッド4、5を掛け合わせていきます。

つまり、相乗効果があるのか相殺してしまうのかを見極めるのです。

この二つのメソッドを138ページのイラストで紹介しましょう。

Sさんはショートホールのティグラウンドに立っています。ピンまでの距離は160ヤードですが、10ヤードほどの打ち上げ。グリーンの手前には花道がありますが、右手前と左奥には深いバンカーがポッカリと口を開けています。

ピンまで１６０ヤードというと、Sさんの飛距離では６番アイアンでピッタリなのですが、打ち上げということを考えて５番アイアンに替え、ピンをデッドに狙って思い切り振り抜きました。

しかし狙い通りにボールは飛ばず、結果は右手前の深いバンカー。そこから寄せワンを狙いましたが、一発ではバンカーから脱出できず、結局このホールはダブルボギー。

序盤のショートホールでダブルボギーとつまづいたSさんは、その後ペースをつかめず、まったくいいところがないまま、その日のラウンドを終えました。

みなさんにも、このような経験がきっとあるはずです。

ほとんどのアマチュアの方は、距離のことしか頭にありません。ピンまでは１６０ヤードですが、打ち上げ分の約10ヤードを考慮して番手を上げ、逆に打ち下ろし分の約10ヤードを考慮して番手を下げるという具合です。

もしSさんが「打ち上げは右に飛びやすい」「アイアンは番手が小さくなるほど右に飛びやすい」ということを知っていたら、ピンをデッドに狙うのではなく、グリーンの左サ

メソッド4、5の注意点
Sさんの場合

160y
Par3
約10ヤードの打ち上げ
使用クラブ5番アイアン

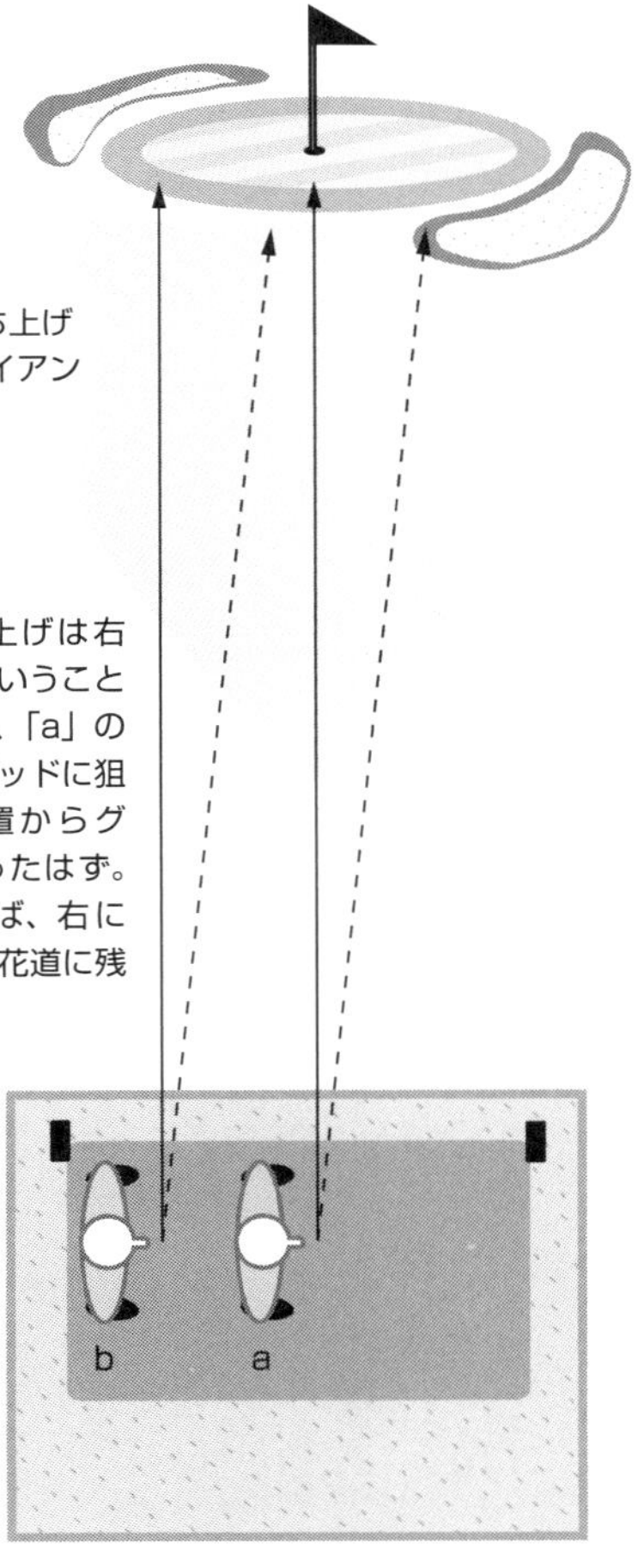

Sさんが「打ち上げは右に飛びやすい」ということを知っていれば、「a」の位置からピンをデッドに狙わず、「b」の位置からグリーン左側を狙ったはず。「b」からであれば、右に飛ぶコスリ球でも花道に残る確率が高い

メソッド4、5の注意点

Mさんの場合

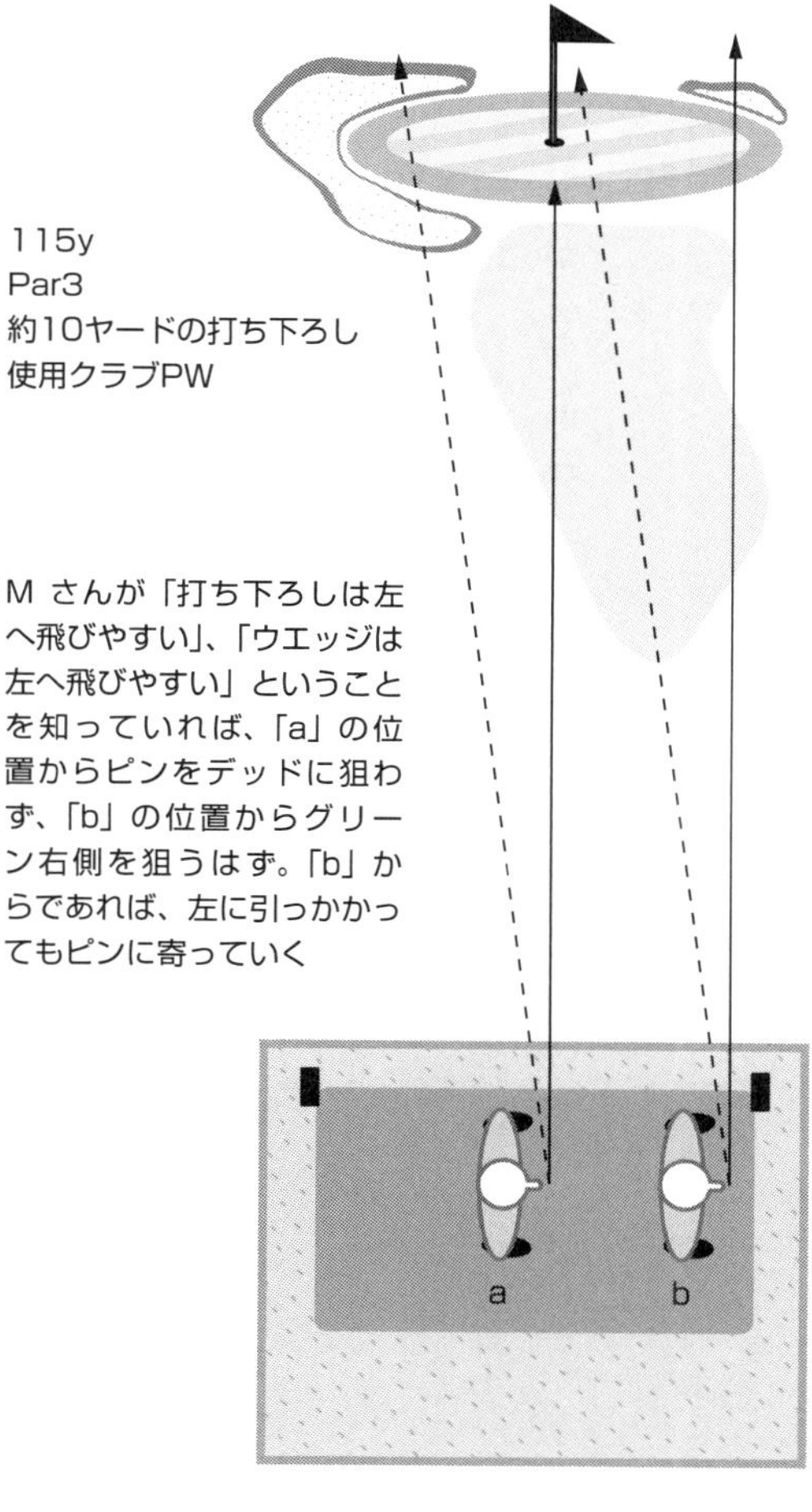
115y
Par3
約10ヤードの打ち下ろし
使用クラブPW
M さんが「打ち下ろしは左へ飛びやすい」、「ウエッジは左へ飛びやすい」ということを知っていれば、「a」の位置からピンをデッドに狙わず、「b」の位置からグリーン右側を狙うはず。「b」からであれば、左に引っかかってもピンに寄っていく
a
b

イドを狙ったでしょう。

次はMさんの例です。再びパー3のショートホールで、ピンまでの距離は115ヤード、10ヤードほどの打ち下ろし。グリーンの手前は花道ですが、左サイドにはグリーンを囲むように大きなバンカーがあります。さらに、右奥にもバンカーが配置してあります。

Mさんはピンまでの距離115ヤードから、打ち下ろしの分として10ヤードマイナスし、ピッチングウエッジで軽めに105ヤード打とうと決めました。ピンに狙いをつけたMさんは、何の迷いもなく振り抜きました。

しかし無情にも左にヒッカケてボールは左奥のバンカーへ。結果的には、2打目のバンカーショットは左足下がりという難しいライ。左足下がりのバンカーからミスしてしまい、結局は4オン2パット。

Mさんは帰りの車中で「あのショートホールさえなければ……」と苦虫を嚙みつぶしていました。

前出のSさん同様、このケースも「打ち下ろしは左へ飛びやすい」「ショートアイアンやウエッジは左へ飛びやすい」ということを知っていたら、グリーンの右を狙っていたでしょう。

さらに、「左に飛ぶ＝距離が出る」ということを理解していれば、ピッチングで軽く打つのではなく、ＡＷでフルショットという選択になったかもしれません。

ゴルフでは、仮にストレートな球筋が打てるスイングを身につけたとしても、ホールの状況や使用するクラブによってボールが左右に散ることがあります。

これはホールやクラブの特性であり、スイングなどの問題ではありません。

つまり、ボールが左右に散った原因がスイングのせいなのか、それ以外の要因によるものなのか、しっかりとつかんでいることが求められるのです。

BOX理論をシミュレーションする

ここまで読み進められたあなたは、ＢＯＸ理論がどういうものかを理解できつつあることでしょう。ここで、復習として5つのメソッドをもう一度確認しておきます。

・メソッド1　ホールセンターラインを見つける
ティグラウンドの位置がホールセンターラインに対して右にあるか、左にあるかを知り、基本的にドローのホールかフェードのホールかを判断する。
・メソッド2　ホールセンターラインとティグラウンドの位置関係を知る
ティグラウンドの位置を再確認し、ホールセンターラインに対しての角度を測る。この角度が90度に近づくほど、ドッグレッグホールだと判断する。また、ティグラウンドと左右の危険ゾーンの位置関係もチェックする。
・メソッド3　ティグラウンド自体の向きを確認する
あわせてティマークがどこを向いているかをチェックする。
・メソッド4　ホール特性を知る
打ち上げか、打ち下ろしかをチェックする。
・メソッド5　クラブ特性を知る
右へ飛びやすいクラブか、左へ飛びやすいクラブかをチェックする。

それでは、ここからは実際にコースでＢＯＸ理論を使うとどうなるか、シミュレーションしてみましょう。

プレーを行うZさんがどういうゴルファーか、主な特徴を紹介します。

・男性45歳
・ゴルフ歴15年
・オフィシャルハンデキャップ9
・持ち球はフェード。ただし、得意ではないがある程度ドローも打てる
・ドライバー飛距離２５０ヤード。３Ｗ飛距離２３０ヤード。５Ｗ飛距離２１０ヤード

ケース1

では145ページを見てください。このホールは３５０ヤードのパー4、ストレートなミドルホール、２５０ヤード地点までは打ち上げになっています（ティマークは立ち位置がわかるように拡大してあります）。

ここまで解説したＢＯＸ理論からは、以下のことがわかるでしょう。

・ホールセンターラインから見てティグラウンドは右にある
↓基本的にドローのホール
・ホールセンターラインとティグラウンドに大きなズレはない
↓ドッグレッグホールではない
・ティグラウンドはセンターを向いているが、ティマークが右を向いている
↓そもそもティグラウンドのすぐ右はＯＢ
・ホールは２５０ヤード地点までは打ち上げ
↓右へ飛びやすい

コースリーディングの結果、Ｚさんは２１０ヤード付近に目標を設定し、５Ｗでドローを打つことに決めました。

このホールのポイントは、「打ち上げ＝右へ飛びやすい」「右サイドのＯＢが近い」「テ

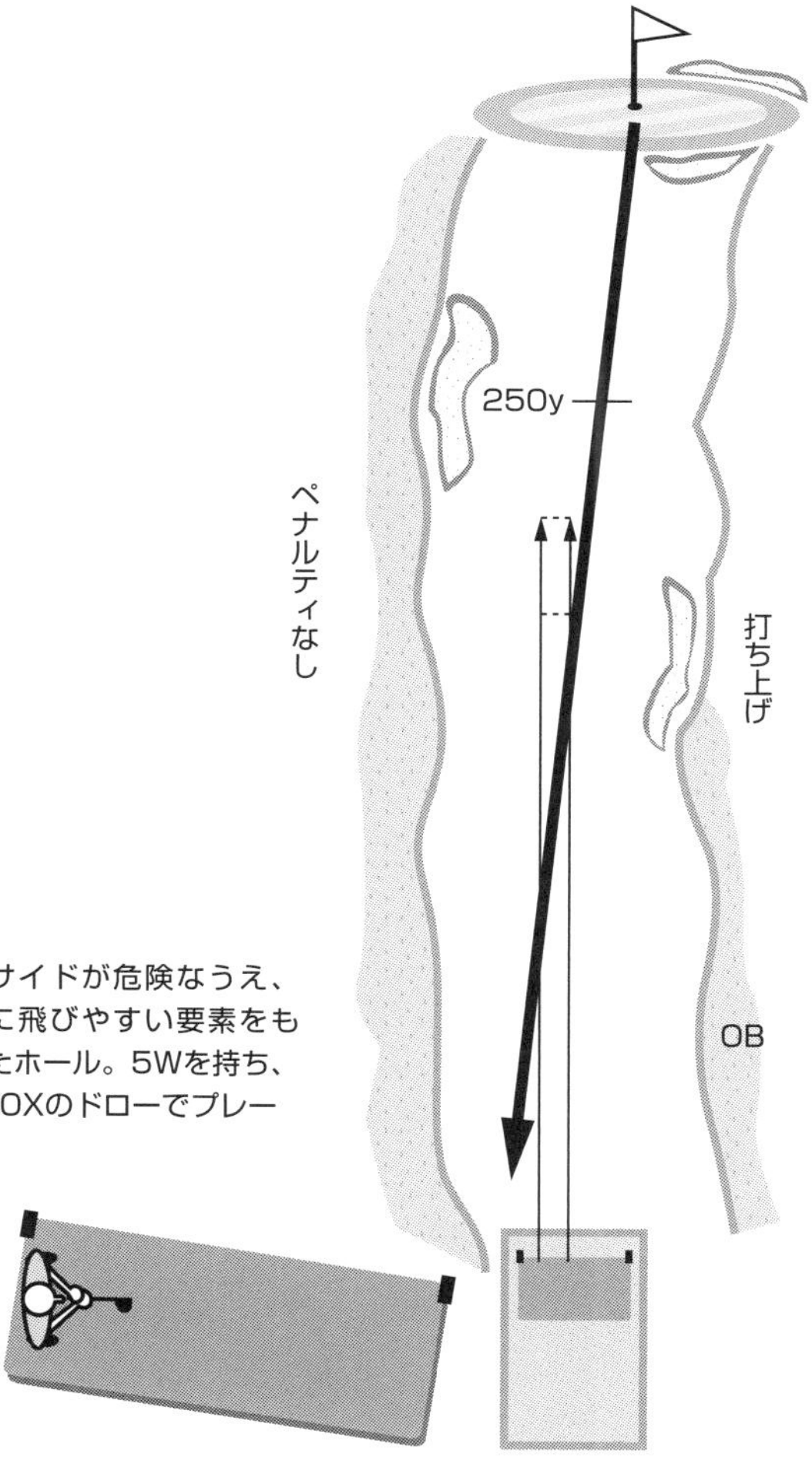

右サイドが危険なうえ、
右に飛びやすい要素をもったホール。5Wを持ち、
1BOXのドローでプレー

ィマークがOB方向を向いている」という点。

つまり、絶対に右にハンドルを切ってはいけないホールなのです。

そのためZさんは、ドライバーよりドローがかかりやすい5Wを選択しました。5Wでは210ヤードしか飛びませんが、350ヤードのミドルホールなのでセカンドは残り150ヤード程度。Zさんにとっては、7番アイアン前後で打てる距離です。

そのため、ティショットで右に飛びやすいドライバーを持つ必要はないわけです。

ケース2

次のホールに進みます。次のページを見てください。このホールは400ヤードのパー4、右ドッグレッグのミドルホールです。

一見してわかることは、
・ホールセンターラインから見て、ティグラウンドは右にある

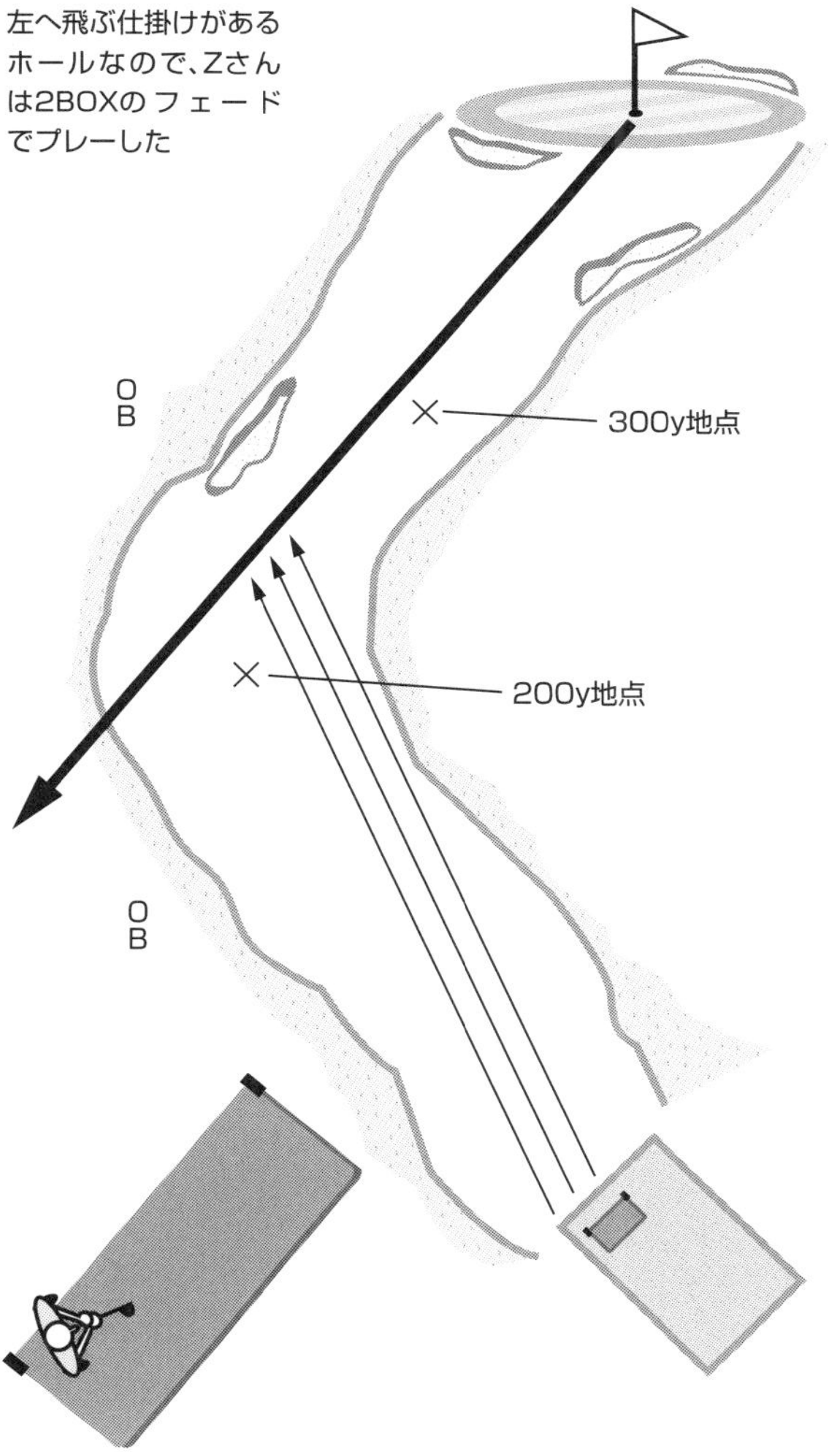
左へ飛ぶ仕掛けがあるホールなので、Zさんは2BOXのフェードでプレーした
OB
300y地点
200y地点
OB

↓基本的にドローのホール
・ホールセンターラインとティグラウンドは大きくズレている
↓ホールセンターラインへの角度が大きいドッグレッグホール
・ティグラウンドはやや左向き
↓ティマークは、ティグラウンドの左寄りに置かれている
・ホールは200ヤード地点までは打ち下ろしでそこからはフラット
↓左へ飛びやすい

これらをふまえて、ドライバーで『2BOX』のフェードを打つことに決めました。

このホールのポイントは、「ホールセンターラインから見て右にティグラウンドがあるが、ドッグレッグホールのため、ドローが基本ということはあてはまらない」「左に飛びやすい打ち下ろしのうえ、ティグラウンドも左を向いている。さらにティマークも左寄り」という点です。

つまり、絶対に左へハンドルを切ってはいけないホールであるにもかかわらず、左へ飛

ぶような仕掛けがあるということです。

このときの狙いはバンカー手前の２５０ヤード地点。ＢＯＸは、２ＢＯＸ（３本線があります）の一番右側のラインをドッグレッグコーナー付近右側のトラブルゾーンに重ならないようにするほうが安全。そして、このホールのワナへの予防線として、２ＢＯＸの一番左側のラインである肩のラインも、フェアウェイセンターから左サイドに収まるようにするとよいでしょう。

幸い持ち球がフェードのＺさんにとって、このホールはスイング的に難しいホールではありません。気をつける点は、左右の危険ゾーンを避けてＢＯＸを設定し、「いかに緩やかに球を入れるか」ということですが、その点も左側にティアップすることで解消しています。

いかがでしょうか？　理論を覚えたてのうちは、どのように実践してよいか戸惑うことも多いでしょう。でも少しずつ慣れていき、ある程度使いこなせるようになれば、自然と考え方が身につくようになります。

そうなれば、自ずとスコアもよくなっていることは間違いありません。

第5章

ゲームの流れに乗る
ホールの攻守交代法

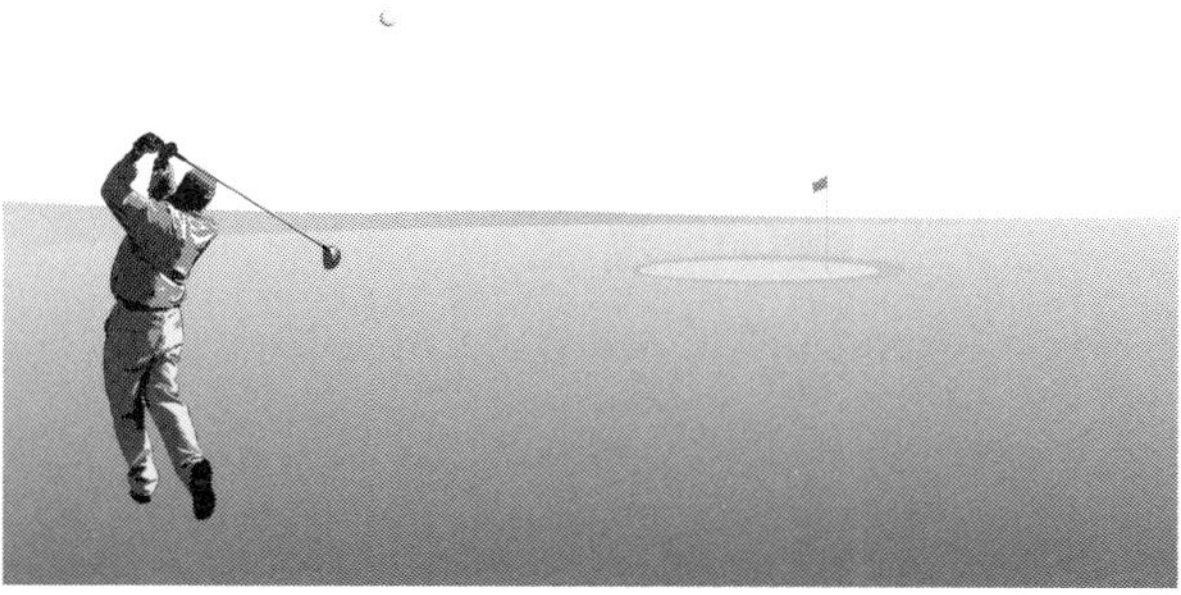

ゲームの組み立てをアメフトで考えてみる

さてここからは、『ＢＯＸ理論』をベースにした実戦的なラウンド術を紹介していきましょう。

ラウンド術というのは、簡単にいうとゲームをどう組み立てるかを考えることで、野球において、バッテリーがどういう配球をすればバッターを三振に打ち取れるかを考えるのと同じです。ただ、野球の場合は三振を取るにあたって、球数の制限や球数の基準はありません。フォアボールにさえならなければ、何球投げてもいいわけです。

ゴルフの場合はパーを取るための打数が決まっています（もちろんパーを取らないのであれば、打数に制限はありませんが……）。この基準となる打数があるというゴルフの特徴は、システム的にアメリカンフットボールがもっとも似ているといえるでしょう。

アメリカンフットボールは日本でそれほどポピュラーなスポーツではないため、ごく簡単に、ここでゲームの仕組みを紹介します。

・野球のようにオフェンス（攻撃）とディフェンス（守備）に分かれている
・攻撃側には、まず４回のプレー権（ダウン）が与えられる
・４回のプレーの中で10ヤード前進すると、また新たに４回のプレー権が得られる
・プレー権を更新しながら敵陣に向かって攻撃し、敵のエンドゾーンにボールを持ち込むと得点（タッチダウン）となる

そしてサッカーやラグビーと違い、ワンプレーごとにゲームが止まります。それゆえ、

・オフェンスチームもディフェンスチームも、プレーの度に円陣を組み作戦会議を行う（この作戦会議を「ハドルを組む」という）
・ハドルを組んだとき、オフェンスチームは次のプレーの戦術を決める。そしてディフェンスチームはその戦術を読み、隊形や選手を変えるなどして対策を講じる
・攻撃の戦術を決めるのはクォーターバックという司令塔の選手で、その指示を「プレーコール」という。プレーコールは野球のサインのようにチーム内で記号化されている

・選手たちはプレーコールにしたがってプレーを展開し、戦術がうまくいくと前進（ゲイン）できる。それにより攻撃権を更新しながらタッチダウンを目指す

この中で重要なのは、クォーターバックが出すプレーコールです。プレーコールを出すための分析は、このような感じです。

「次の攻撃（ダウン）の基点は自陣から20ヤード地点。敵のエンドゾーンまでは80ヤードと遠いので、ロングゲインが欲しい。となるとロングパスが必要になるが、パスをインターセプトされると自陣が近いので、そのままタッチダウンまで持っていかれるリスクが高い。次は4回のダウンのうちまだ1回目のプレーなので、ランプレーで確実なゲインを狙って2回目以降の攻撃につなげていこう」

このような判断のもと、クォーターバックは次のようなプレーコールを出します。

「右オフガード、テールバックのブラスト」

これは、右ガードというポジションのラインメン（前線でぶつかり合うポジション）の脇へ、最後尾のランニングバックが突進していくというプレーです。他の選手たちは、突

進をかけるオフガード地点へ走路を作るためにサポートします。

このように、フィールドの状況や戦況に合わせて、司令塔から出されたプレーをチーム一丸となって推し進めるのがオフェンス。そしてその戦術を読み、オフェンス側の戦術に合わせて隊形の変化や選手交代などの対策を講じるのがディフェンスです。

このやり取りが、アメリカンフットボールの面白いところだといえます。

ゲームの流れが「プレーコール」を決める

そして、アメリカンフットボールには１クォーター15分、１ゲーム60分という時間の制限があります。

ロングパスやロングゲインのタッチダウンは華やかですが、実はワンプレーにすぎず、時間をあまり消費していません。タッチダウンした後は、基本的には相手に攻撃権が移るので、ゲームの主導権を相手に委ねることにもなります。

よいクォーターバックは、コツコツとプレーをつないで時間を十分に消費しながらタッチダウンを決めていき、時間をもコントロールします。

つまり60分という枠の中で、自分の側に主導権がある時間を長くすることがゲームの支配、そして勝利へとつながるわけです。

ここまで読みすすめられたあなたは、もうおわかりでしょう。

BOX理論は、アメリカンフットボールの〝プレーコール〟と同じです。

つまり冷静な状況判断をした後、次にどんなプレーをするか指示しているわけです。

BOX理論ではメソッド1、2、3でコースリーディングをしてこれからプレーするホールを読み、その後メソッド4と5を加味して、どんなボールを打つのか決めます。

アメリカンフットボールでもフィールドのどこにボールがあるのか、敵はパスとランのどちらが得意なのか、要注意人物とされるスーパープレーヤーはどう動いてくるのかといったことをハドルを組んだときに読み、クォーターバックのプレーコールに従って攻撃を仕掛けていきます。

このことから、BOX理論の最終目的はプレーコールを出すことにあり、そのプレーコールが「ゲームの流れ」を含めて考えたものであれば、主導権を常に手元においた〝ボールコントロール・オフェンス〟ができるのです。

もちろん、第4章までのBOX理論をゴルフにおける戦術の一つととらえ、そこで完結させてもかまいません。それでも、設定した仮想BOXの中にボールが打てれば、確実にスコアアップできるでしょう。

しかし、試合の中でより質の高いゴルフがしたい、世界のトッププロの思考を身につけたいと思うなら、ボールコントロール・オフェンスを身につける必要があります。

コースのワナを見抜きゲームの主導権を握る

「ゲームの流れを見ながら、プレーコールを出す」

これがBOX理論から発想したラウンド術なので、実際にコースを回るときは仮想BOXの中にボールを打つことより、

「いま自分はゲームという流れの中の、どこにいるのだろう？」

ということを知るほうが大切になります。

つまり主体となるのはゲームで、ＢＯＸ理論は常に自分サイドに流れをキープするための手段というわけです。

そのため、たとえば毎週ラウンドしているホームコースの7番ホールでも、そのときの流れによってはあえて攻め方を変える必要があるのです。

つまり、ゲームの流れはその時々で違いがあるため、流れを中心にプレーを組み立てると、「この7番ホールは、常にグリーンセンターに打てばよい」ということにはなりません。こうした考えだと、ホールに対してイーブンのプレー、つまり負けないプレーはできますが、勝つことは難しいといえます。

勝つためのカギは、ボールコントロール・オフェンスにあります。

つまりアメリカンフットボールのように、ゴルフでもゲームの流れを相手に渡さずプレーすることを考えればよいのです。

ゴルフでの相手（敵）はコースになります。コースのワナに翻弄されてキレてしまうのではなく、自分がゲームの主導権を握ってプレーすることができれば、ボールコントロール・オフェンスができているといえます。

そのためにはどうすればよいのでしょうか？　まず的確なプレーコールによるショットメイキングをすることが挙げられますが、次にくるのはディフェンスの能力を高めることです。つまり、自分が主導権を握って攻撃（オフェンス）をするには、守備（ディフェンス）を強くする必要があるのです。

ディフェンス能力の要はパットとアプローチ

ある程度スキルが上がり、70～80％の確率で仮想ＢＯＸの中にボールが打てるようになったとしても、ミスショットが完全になくなることはありません。

グリーンセンターを狙ったのに、当たりが薄くて右手前のバンカーにつかまるようなことはトッププロでさえよくあります。こんなピンチの状況を救ってくれるのがアプローチとパッティングで、この能力が高ければバンカーからの寄せワンが可能になり、パーをセーブできます。

つまり、ゴルフにおけるディフェンスとはアプローチとパッティングであり、これらの能力が高ければゲームを壊さずにプレーできるのです。

バンカーに入れるようなミスショットをしてもゲームを壊さないということは、ゲームの流れをキープできているということであり、ボールコントロール・オフェンスが機能していることを意味します。

ゴルフではよく、

「ショートゲームがスコアメイクのカギ」

「ショートゲームが重要」

といわれます。

ゲームを壊さないためには、ショートゲームをしっかりすることが重要なのです。

ディフェンスの力、つまりショートゲームの能力が高いと、あまりストレスを感じずにプレーできます。

たとえば１ＢＯＸのドローのプレーでピンを狙ったものの、思った以上にドローがかかってグリーンの左に外したとします。でも、ショートゲームに自信があれば、「あっ、ちょっと外れちゃったな」くらいの感覚ですみます。

それに、もともと「ドローを打つ」という意図で打ったものが左に外れているので、前述したように、ＢＯＸ理論ではこれをミスとはいいません。

仮にミスショットだとしても、自らが出したプレーコールの通りに打てているので受け入れられるミスの範疇です。

しかし思い通りのショットが打てたとしても、たとえば急な突風でボールが流されたり、キックが悪かったりして、結果的にミスになることはよくあります。

野球でいえば、投手がきっちりバッターを打ち取ったのに、イレギュラーしてヒットになるケースです。

こうしたことは自分ではどうすることもできないため、ある意味仕方ありません。大切なのは、自分からゲームを壊したり、流れを断ち切るようなミスをしないことです。

目標を下方修正する勇気がスコアアップにつながる

とはいえ、時には自らゲームを壊すようなショットを打ってしまうこともあります。そんな状況を救ってくれるのが、バンカーからのリカバリーや、堅実なパッティングによる3パット回避です。

アメフトには、主にキッキングゲームや試合の重要な場面で登場する、「スペシャルチーム」というものが存在します。

窮地になると出動するウェッジやパターはいわば「スペシャルチーム」で、これがきちんと仕事をしてくれると、離れかけた流れをセーブできます。また、セーブできる自信があれば、再びオフェンシブなモードでのプレーが可能です。

ゲームの流れを渡さないための最後の砦が「スペシャルチーム」ですが、それが登場するのはその前のショットが悪かったときなので、すでにシチュエーションが壊れかかっています。

そんな場面で仕事をしなければならないため、もし失敗しても彼らに責任はありません。逆に、責任がないからこそ思い切ったプレーができ、スーパーショットも生まれやすいのです。そのため、スペシャルチームに頼る際は、

「これはもう仕方がない。最低限の仕事さえしてくれればいいから……」

という気持ちでなければいけません。

スコアでいえば「ダブルボギーにさえならなければいい」という気持ちです。そのため、スペシャルチームへのプレーコールは、

「このホールはボギーでＯＫ」

ということになります。

プレーヤーがこうした気持ちになれれば、難しいライからの寄せでも一か八かのプレーコールにはなりません。するとプレッシャーもかからず、気楽に打ってピンまで約５メートルに寄せられます。そしてパッティングでも、

「寄りさえすればいいから……」

という気持ちで打つと、意外にもカップに吸い込まれたりするのです。

ところが、ハンデの高いゴルファーほど壊れたも同然のシチュエーションからベタピンを狙ったり、あわよくばチップイン……などと考えます。すると、ザックリをやったりホームランを打ったりして、ゲームの流れを完全に壊して精神的にキレてしまうのです。

もう十分に理解できるはずだと思いますが、これはメンタルで解決できるような問題ではありません。

ピンチの場面では、まず最大損失を決定すべきなのです。そしてそのラインを守りながら、最大利益を得られるようにするのです。

危険を冒さずに、その状況でできることを確実にこなすしたたかさが求められます。ここで求められるのは、最大利益を下方修正できる勇気です。目標が下方修正されれば、成功率が上がるのはいうまでもありません。

この1打で優勝決定というような場面は別ですが、最も優先すべきはゲームを壊さないことであり、それはメンタルといわれる要素だけでは解決できないのです。

戦略を遂行するには最低限の技術が必要

上級者ほど欲を出さず、割り切ったプレーができるものです。

もちろん、ある程度のスキルがあるからこそゲームを壊さずにプレーできることも事実ですが、ティショットの半分以上がOBやチョロだというような場合、BOXはもちろん流れも組み立てもありません。

アメフトでいえば、パスを投げられない人がクォーターバックをしているのと同じです。これではゲームが始まりませんし、ショートゲームなどといっても意味がありません。

思い当たる人は、ゲームを開始するためにもせめて150ヤードは「前に飛ばせる」ようになりましょう。前にさえ飛べば、トップだろうとゴロだろうと、テンプラだろうとかまいません。これがクリアできてから、BOXやラウンド術に進むとよいでしょう。

ティショットの約8割が180ヤード以上飛び、そのボールをスルーザグリーン内に置けて、とりあえずどの番手でも打てるというのが、いわゆる中級者といえます。

アメフトのクォーターバックでいうなら、空いている人を見つけてパスが投げられるというレベルです。

さらに、シングルクラスのゴルファーは「決めのショット」が一つはあり、コースでは自分のスタイルでプレーできます。クォーターバックなら、ファーストダウンを取れる得意なプレーをもっているというレベルです。

つまり、組み立てながらプレーするには技術が不可欠であり、いわゆるアベレージゴルファーには、ティショットをそこそこ打てることが求められます。またＢＯＸの中にボールを入れられなくても、ある程度自分が思い描いたところにボールを運べなければ組み立ても何もない、といえるのです。

横幅で考えるのがコース攻略の原点

「自分が思い描いたところ」とは、つまりＢＯＸです。ということは、技術的レベルが低いうちは原則より広くしたＢＯＸでプレーすればよいのです。

ＢＯＸ理論では、肩のラインとターゲットラインで作られた仮想ＢＯＸにボールを打つのが原則です。しかしそこに打てないなら、フェアウェイやグリーンの全幅で仮想ＢＯＸを設定するのです。

このときドローやフェードといった球筋や弾道を意識する必要はありません。ただ、ＢＯＸの中にボールが入りさえすればよいのです。

「トップ、テンプラに曲がりなし」などといいますが、トップしてのライナーやゴロでもＯＫですし、飛距離は落ちますがテンプラでもかまいません。

それに、ゴルフ創世紀に使われていたフェザリーボール（皮を縫いあわせ羽毛を詰め込んだボール）は、ディンプルがないため現代のボールのような長い滞空時間がありませんでした。

つまりキャリーがなく、ライナーやゴロでプレーしていたわけです。そうなると当然飛距離も出ません。

しかしセントアンドリュースなど、現代でも難コースと呼ばれるコースでゴルフをしていた当時のゴルファーは、みんな「横幅」を意識したBOX的なゴルフをしていたと推測できます。

現代ではその時代とは比較にならないほどクラブが進化したため、はじめてクラブを握る人でも、当たりさえすればボールを高く打ち上げることができます。

そのため、誰もが横幅に対する意識よりも奥行き（飛距離）に意識が向いてしまっているのです。

でも、ゴルフというゲームの起源を考えれば、横幅、つまりBOXが攻め方を規定するということがわかるはずです。横幅をコントロールできなければゴルフというゲームは進行しないため、ひいてはラウンド術、つまり組み立ても流れもないといえます。

このことから、横幅（BOX）の中にボールが打てるというのはゴルフの一つの指針といえ、誰もが驚くようなショットが十発中一発出ても、ゲームにはならないのです。

ゲームを進行させてプレーを組み立てるには、飛距離はそれほど出なくても、十発中八発はBOXの中に打てることのほうが大切で、これこそがBOX理論発想のラウンド術である〝ボールコントロール・オフェンス〟なのです。

流れをキープできるのがディフェンス力

ＢＯＸ理論発想のラウンド術では、ボールコントロール・オフェンスで18ホールをプレーすることが目的です。簡単にいえば、常に自分がオフェンス的な立場に立って、18ホールを回るということです。

しかしここでいうオフェンスとは、がむしゃらに攻めるという意味ではありません。前章でも述べたように、コースと融合しながらというポイントがあります。融合しながら攻めるというのは、慎重に慎重を重ねてプレーすることだともいえます。

ところが慎重にプレーをしていても、やはりミスショットは出ます。そして、そんな窮地で頼れるのがディフェンスのスペシャルチームで、彼らがよい仕事をすれば、またオフェンシブなプレーができます。

ということは、ディフェンス力を高めることで、オフェンス力がさらにアップするというわけです。

ではディフェンス力を高めるとはいったいどういうことでしょうか？

アプローチとパッティングがディフェンスの役割を担うと前述しましたが、これらのスキルをアップすることが、ディフェンス力を高めることのすべてではありません。

第1章で登場したAさんの例を思い出してください。Aさんは距離に対して約10％ブレたショットが池に入り、ゲームを壊してしまいました。つまり、Aさんは向きの大切さを知らなかったために、小さなミスが致命傷になってしまったのです。

要するに、10～15％のミスが出てもゲームを壊さず、流れもキープしたままプレーを続けられるというのがディフェンス力を高めることであり、BOX理論はこの小さなミスが全体に影響しないよう防いでくれるものなのです。

ゴルフはミスで組み立てるゲーム

BOX理論を使ってプレーしていれば、ミスをしてもよいのです。

たとえば、残り１５０ヤードのセカンドショットで、平均スコアが96のあなたは「ドローボールを打つ」とプレーコールを出しました。ところがフェースがかぶって、15％以上左へ曲がってしまったとします。距離にすると約25ヤードも左に飛んでしまったのです。

でもＢＯＸ理論を使ってプレーしていれば、ゲームは壊れていません。なぜなら、25ヤード左の位置からスペシャルチームがよい仕事をすれば、まだパーのチャンスは残っています。仮にパーをセーブできなくても、平均スコアが96のあなたにとって、ボギーであがることはゲームを壊しているとはまったくいえません。

ところが、ＢＯＸ理論を知らない多くのアベレージゴルファーは、残り１５０ヤードのセカンドショットで7番アイアンを使い、ピンの根元を狙ったりします。

そしてやや当たりが薄かったり引っかかったりして、グリーン横の厄介なバンカーや池につかまり、ダブルボギーならまだしもトリプルやそれ以上叩いたりしています。

これはもう、致命傷どころか完全にゲームを壊しています。

ゴルフでは、決してよいショットを打つ必要はないのです。よく「ゴルフはミスで組み立てるゲーム」などといわれるのは、そういう意味なのです。

もちろんショットのクオリティが高いに越したことはありませんが、基本として、以下の三つができればよいのです。

・スペシャルチームがゲームの流れに応じた仕事をしてくれる
・ボールコントロール・オフェンスができる
・BOXの中にボールを入れられる

これらがラウンドという流れの中で互いにリンクしていくと、明らかにワンランク上の次元のゴルフができるようになります。

そして、それを実践しているのが世界のトッププレーヤーなのです。

攻めと守りをモードで切り替えるラウンド術

では最後にBOX理論発想のラウンド術である、ボールコントロール・オフェンスを身につけるための簡単なラウンド方法を紹介します。

前述しましたが、ボールコントロール・オフェンスは常に自分がオフェンス的な立場に立って18ホールを回るということです。

そのためには、いま自分はオフェンスとディフェンスのどちらの流れにいるのか知る必要があります。それがわかったら、状況に合わせてオフェンスとディフェンスを切り替えていくのです。

いまから紹介するドリルを行うと、この「攻守の切り替え時」が見えてくるので、ぜひ試してみてください。

まずご自分のハンデキャップに0・8をかけて四捨五入し、8掛けの調整ハンデを算出してください。そしてその数字の分、スコアカードのホールハンデキャップに従い、ハンデホールをチェックします。

たとえばハンデ10なら調整ハンデは8。18ホールのうち8ホールがハンデホールとなります。あとは、そのハンデホールには1打のハンデがあるので、ボギーはパーとなり、パーはバーディとします。

この要領でコースを相手に18ホールのマッチプレーを行うのですが、これはあくまでベースです。

今回紹介する練習法は、この18ホールのマッチプレーに、「オフェンス」と「ディフェンス」をあてはめていくもので、マッチプレーに勝つ（バーディを取る）とサイドが交代します。これは、ひと昔前のバレーボールのようにサーブ権が移動するのと同じことです。

ここでいうオフェンスとは「あと1ホールよいプレーができれば、ゲームの流れの中で自分が主導権を握れる」という状態を意味しています。

逆にディフェンスとは「あと1ホール失敗してしまうと、ゲームの流れの中で主導権が相手に渡ってしまい、苦しいゲーム展開が待っている」という状態を意味しています。

つまり、「オフェンス＝攻撃」「ディフェンス＝守備」という一般的なニュアンスとはやや異なり、ゲームの流れの中で主導権を「握れるか」「失ってしまうか」という分岐点が訪れているという意味です。よくいう「リーチがかかった状態」と思ってもらうとわかりやすいでしょう。

このことを念頭において、まず１番からスタートします。このときはまだゲームの流れの中でオフェンス、ディフェンスの「サイド」は決まっていません。つまり「ニュートラル」な状態です。

ニュートラルでスタートし、１番ホールはハンデホールではありませんでしたが、仮にパーで終えたとします。この場合、コースとのマッチプレーはイーブン。もし１番でマッチプレーに勝つ（バーディを取る）と１アップになり、ゲームの流れのサイドはオフェンスへと交代します。逆にマッチに負ける（ボギーになる）と１ダウンになり、ゲームの流れのサイドはディフェンスへと交代します。

１番ホールが終わってスコアが目標通り（パー）なら、流れのモードはニュートラルです。そのため引き続きニュートラルな状態で２番へと進みます。

２番ホールでマッチプレーに負けたら、流れのモードはディフェンスになります。そのため3番ホールは「苦しいゲーム展開、もう後がない状態」でのプレーになります。

このような状態で慎重にプレーした結果、3番ホールでバーディを取ってマッチプレーに勝つと、流れのモードはオフェンスに交代します。

そのため次の4番ホールは「このホールでよいプレーができれば、ゲームの主導権を手にすることができる」という状態になります。

それをふまえて4番ホールをプレーし、マッチプレーに勝つとポイントが1点入ります。つまり主導権を握ったということです。

要するに、マッチプレーに勝つとサイドが交代し、オフェンスサイドのときにアップすると1ポイントが加算され、逆にディフェンスサイドのときにダウンすると1ポイントを失います。

これを18ホール通して行うと、ゲームの中での「守るとき」と「攻めるとき」への認識力が自然と身につくようになります。

ラウンドレッスンでこのドリルを行うと、多くの生徒さんにはディフェンスの技術が足りないことに気づきます。

	ティショット	セカンド&サード	アプローチ	パッティング
アベレージクラス	・OBを打たない ・最低150y飛ばす ・ボギーオンが条件	・ピンから100y以内へ寄せる ・OBを打たない ・得意クラブを作る	・とにかくグリーンに乗せる ・得意クラブを作る ・得意な距離を作る	・1ラウンド36パットが目安 ・3メートル以内から3パットしない ・オーバー目に打つか、タッチを合わせるか決断する
上級者クラス	・OBを打たない ・最低200y飛ばす ・ボギーオンでも可	・パーセーブが組み立てられる位置へ打てる ・得意クラブを作る	・2ピン以内に寄せる ・得意クラブを作る ・得意距離を作る	・1ラウンド30パットが目安 ・1メートル以内を外さない ・寄せるパットか、入れるパットか決断する

ディフェンスの技術をアップさせるには、1～2本の得意クラブを作ることです。ここでいう得意クラブとは、多少調子が悪くてもOBや池といった、直接ストロークを失うミスにならないクラブという意味です。

また大きなBOXでいいので、その中にとりあえずボールを入れられるクラブということでもあります。

まずはこの得意クラブ作りからはじめてみてください。得意クラブができて守りと攻めをうまく使い分けられるようになれば、必ずスコアはよくなるはずです。

第6章

実践！
コースラウンド＆卒業試験

実際のコースで行う「仮想ラウンド」

ここからはBOX理論の卒業検定試験です。ここまでに紹介したBOX理論のメソッドを思い出して、どのプレーコールを選択すればよいか考えてください。

試験会場となるのは、過去に「日本オープン選手権」や「日本プロゴルフ選手権」を開催した、茨城県にある「セントラルゴルフクラブ」の東コース。トータル7188ヤード、パー73。バックティ、本グリーンを使用します。

卒業検定に挑むプレーヤーは、ドライバーのキャリー260ヤード、トータル275ヤードという設定です。ツアープロとしてはそれほど飛距離の出る部類ではありませんが、アマチュアのシングルプレーヤーとしてみると飛ばし屋といえるでしょう。

持ち球は2BOXのストレートフェード。ドローを打つ場合は3Wを多用します。

もしあなたがゴルフを始めたばかりで、まだこのプレーヤーの気持ちになれないと感じたら、プロのキャディになったつもりでラウンドしてみてください。

卒業試験では、セントラルゴルフコースの東コースから、9ホールをピックアップして問題としています。1問ごとに答え合わせをしながらスコアカードに記入していくと、「オフェンス」「ディフェンス」のサイドを使った、ゲームの流れを知るコースとのマッチプレーもあわせて楽しむことができます。

設問の答えは、「○」「×」「◎」と三段階になっています。スコアに置き換えるなら、「○」がパー、「×」がボギー、そして「◎」がバーディです。

183ページのスコアカードで塗りつぶされているホールは設問から外れているので、パーで終えたと考えてください。

まず1番はニュートラルでスタートしますが、スコアが動いてバーディだと「オフェンス」、ボギーだと「ディフェンス」とサイドが変わります。

ポイントは、サイドがオフェンスのときに正解（◎）しないと入りません。ディフェンスのときに正解（◎）してもサイドが変わるだけです。

以前のバレーボールにあった「サーブ権」が「サイド」にあたります。オフェンスサイドのときにバーディを取ると1点加えられ、逆にディフェンスサイドのときにボギーが出ると1点失うというゲームです。

スコアカードの「SIDE」の欄には、「N（ニュートラル）」、「O（オフェンス・バーディ）」、「D（ディフェンス・ボギー）」とサイドを記入します。パーではサイドが変わらず、前のホールのサイドを継続することになります。

では、いいラウンドになることを期待しています。

【記入例】

HOLE	1	2	3	4	5	6	7	8	9	TOTAL
PAR	5	3	4	4	4	3	5	5	4	37
SCORE	4	2	4	5	4	2	5	4	4	34
SIDE	O	O	O	D	D	O	O	O	O	—
POINT	0	+1	0	0	0	0	0	+1	0	+2

HOLE	1	2	3	4	5	6	7	8	9	TOTAL
PAR	5	3	4	4	4	3	5	5	4	37
SCORE			4		4		5		4	
SIDE										
POINT	0									

HOLE	10	11	12	13	14	15	16	17	18	TOTAL
PAR	5	3	4	4	4	3	4	5	5	37
SCORE	5		3	4		4		4		
SIDE										
POINT										

case 1

朝イチのホールなのでできれば無難にスタートしたい

スタートホールなので、気負わずにプレーしたい。右にクロスバンカーがあるが、パー５なのでそこに入ってもパーはセーブできる。

コースリーディングをしたら……

ホールセンターラインからみて、ティグラウンドはやや左だが、重なっていると見て問題ない。また、ティグラウンドの向きはフェアウェイに対してまっすぐ。打ち上げ、打ち下ろしの特性はない。

どのプレーコールを選ぶ？

①やや左にティアップし、１Ｗを持ち、２BOXでフェアウェイ中央狙い。だが右のバンカーに入ってもOKとしてプレー

②右にティアップし、３Ｗで１BOXのプレー

③真ん中にティアップし、１Ｗで持ち、フェアウェイ中央狙い

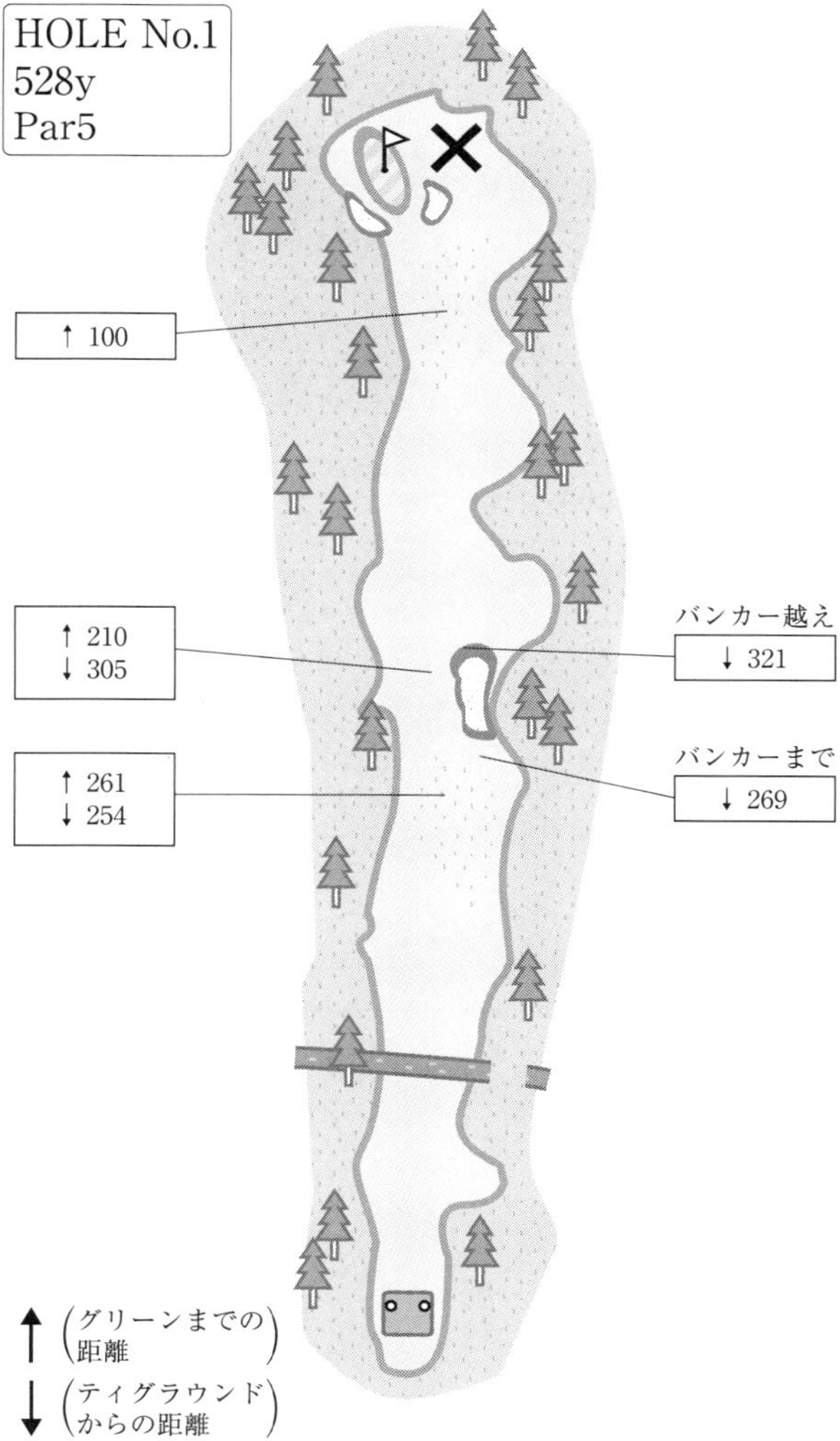
HOLE No.1
528y
Par5
↑ 100
↑ 210
↓ 305
バンカー越え
↓ 321
↑ 261
↓ 254
バンカーまで
↓ 269
↑ (グリーンまでの距離)
↓ (ティグラウンドからの距離)

case 2

距離があるパー3。バンカーを避けてパーセーブするには

ピン位置はやや手前の右サイドでバンカーのすぐ上。今日の設定だとピンまでは205ヤード。バンカーをどう避けるかがカギ。

コースリーディングをしたら……

ティグラウンドの向きが二つのグリーンの間なので、ティマークから見るとグリーンは右にある。このことから、基本的にはフェードのホールといえる。

どのプレーコールを選ぶ？

① 3 Iで 2 BOXのフェードでプレー

② 4 Iで 1 BOXのストレートでプレー。狙う場所はピン左の広いところ

③ 7 Wで 2 BOXのフェードでプレー

HOLE No.2
215y
Par3

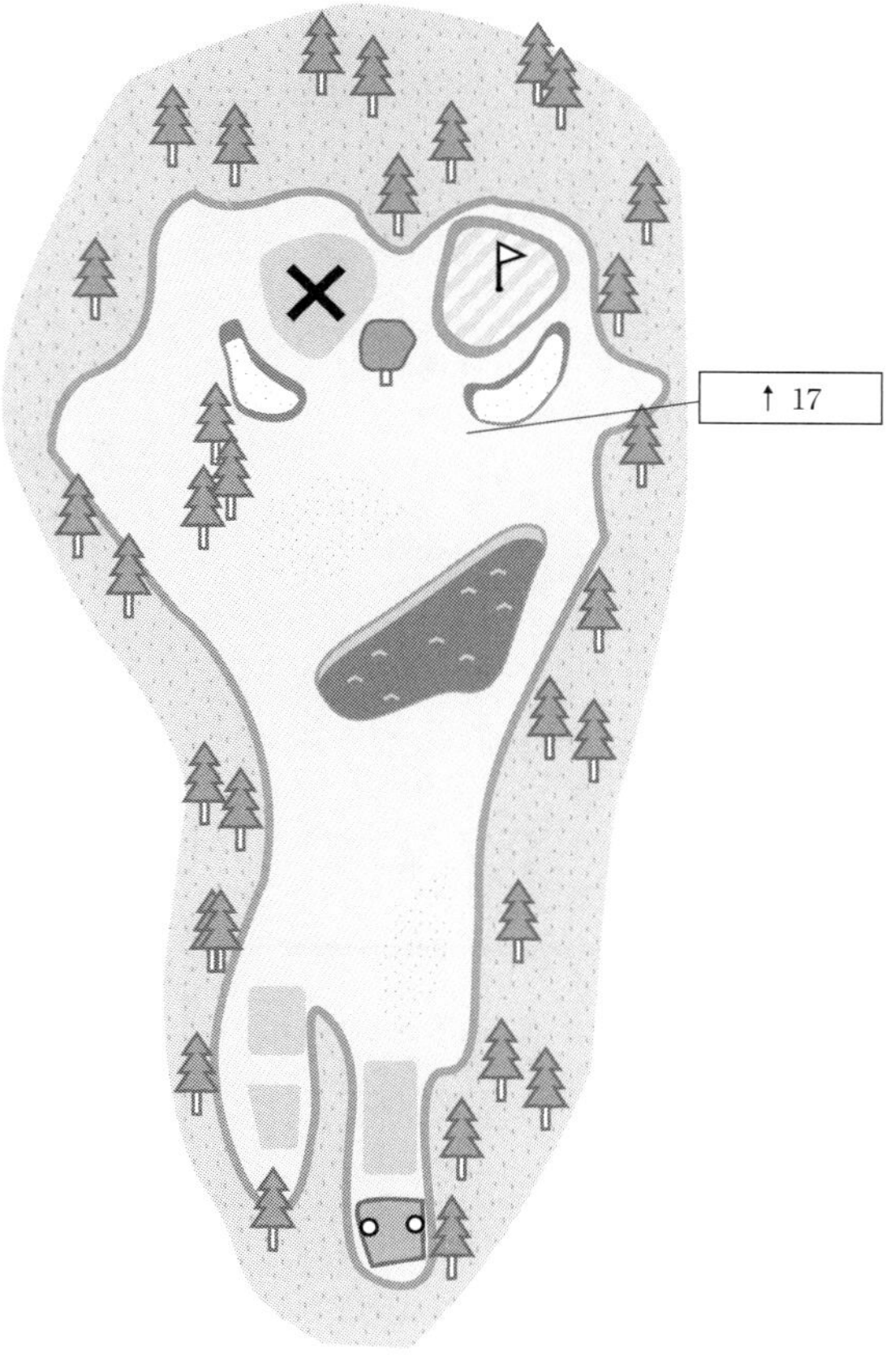

case 3

落としどころに木があって、フェアウェイが狭い。どうする？

フェアウェイ右サイドに木があり、左サイドが崖なので、かなり狭いホール。やや打ち下ろしで、右の林から圧迫感を受ける。右にあるクロスバンカーは越えられそうにない。

コースリーディングをしたら……

見かけは右ドッグだが、ティショットがバンカーの先までは届かないため、ストレートホールとして考える。したがって、ホールセンターラインの起点は木の横あたりになり、ティグラウンドはやや左にあることになる。

どのプレーコールを選ぶ？

①左にティアップし、１Wで２BOXのフェードでプレー。ただし曲がる幅は抑え気味で、狙う場所は木の左横のエリア（フェアウェイセンター）

②右にティアップし、３Wで１BOXのドローでプレー。狙う場所は①と同じ木の左横だが、球はフェアウェイ右から入れていく

③真ん中にティアップし、３Wでプレー。狙う場所は①、②同様、木の左側のフェアウェイセンター

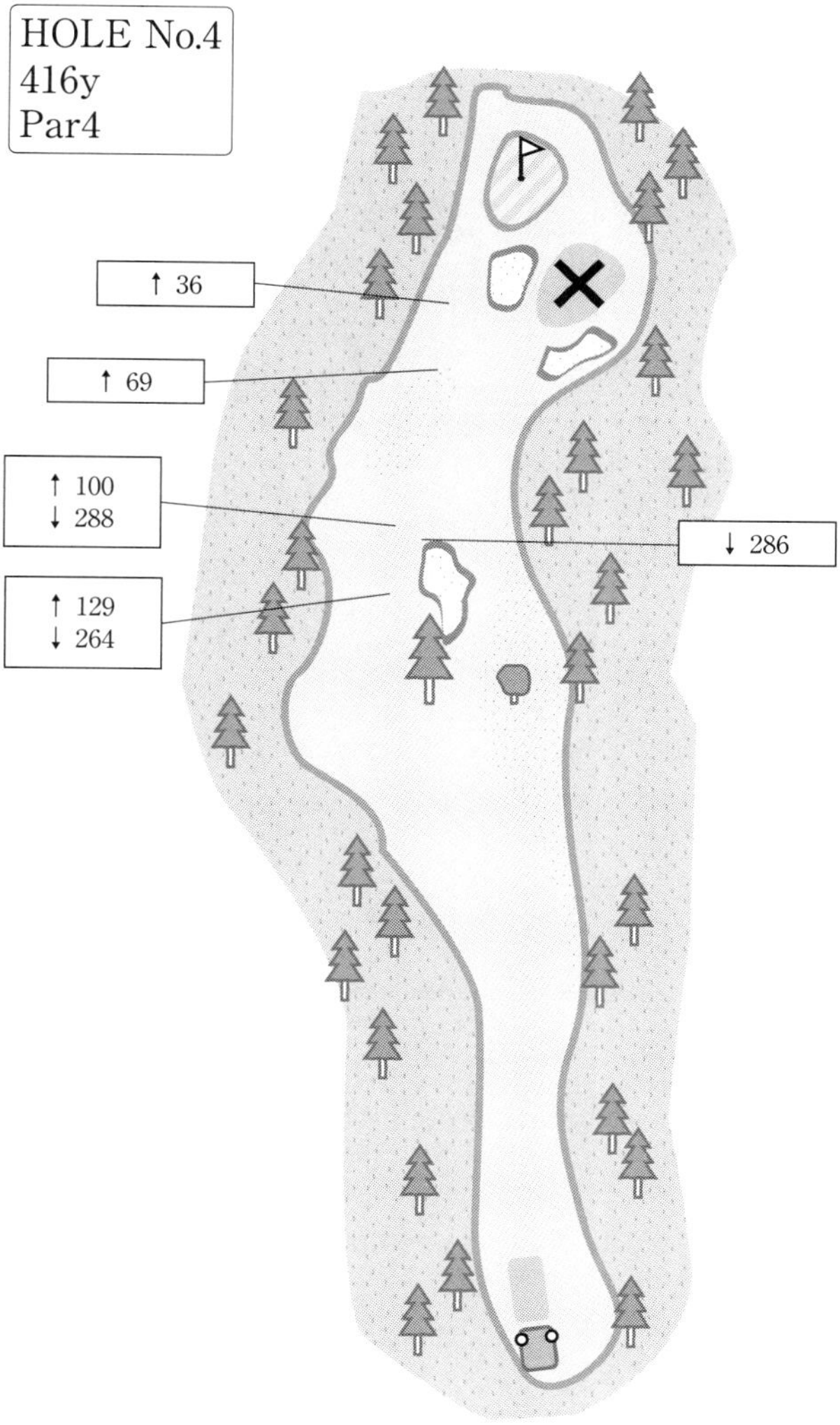
HOLE No.4
416y
Par4
↑ 36
↑ 69
↑ 100
↓ 288
↓ 286
↑ 129
↓ 264

case 4

グリーンが広いのでティショット次第でバーディが狙える

ピン位置はグリーン中央の手前。ティマークは前に出ているのでピンまでは180ヤードという状況。右側に林がせり出して手前にもバンカーがあるものの、グリーンが広めなのでバーディを狙いたいホール。

コースリーディングをしたら……

ティグラウンドはサブグリーン方向を向いているため、BOXの原則でいえば、フェードのホール。

どのプレーコールを選ぶ？

①真ん中にティアップし、5Iで2BOXのフェード

②ティグラウンド右側の林にある圧迫感を避けて左にティアップし、6Iで1BOXのストレート。ピンデッドに狙う

③右にティアップして、6Iで1BOXのストレート。ピンデッドに狙う

HOLE No.6
199y
Par3

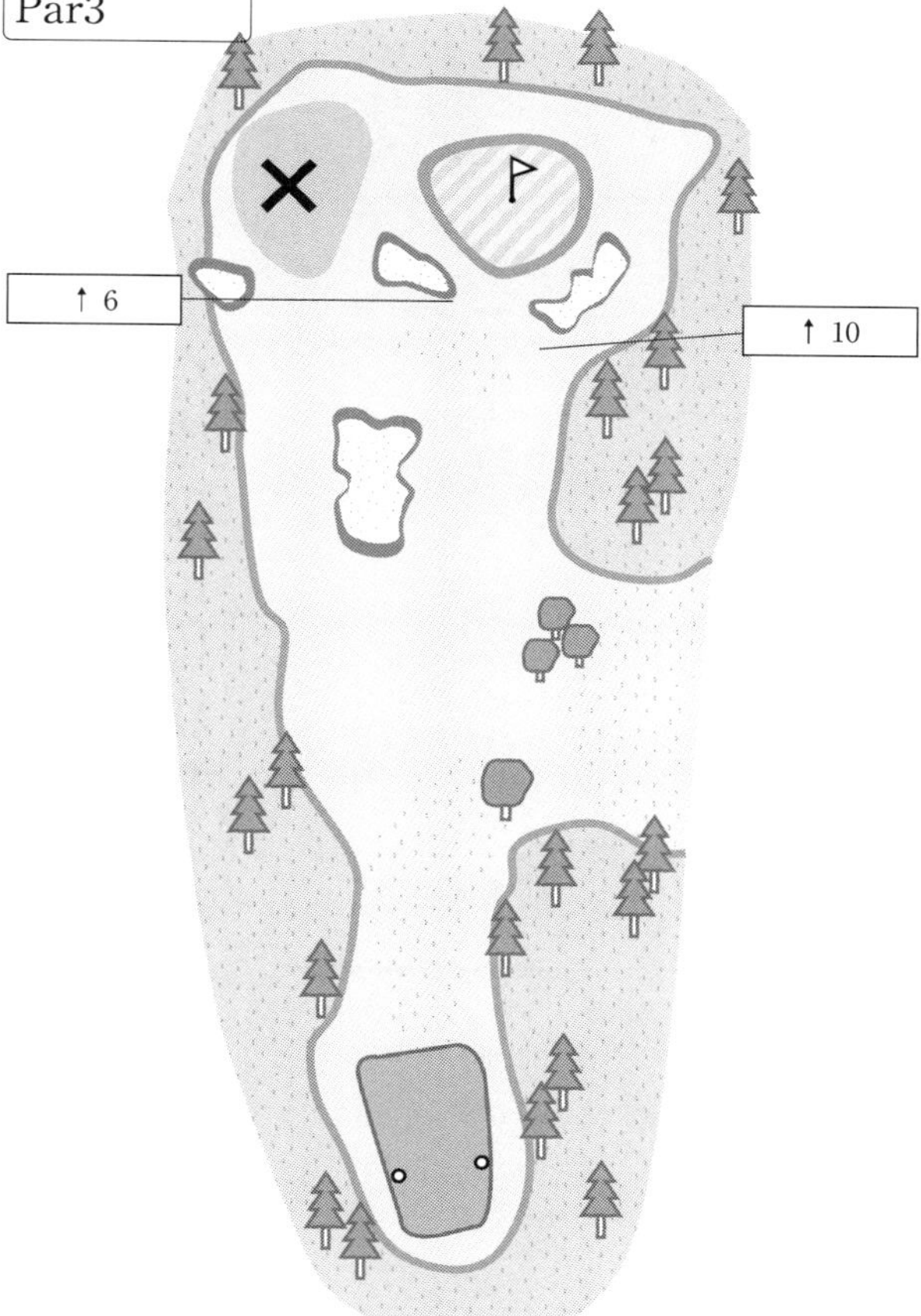

case 5

ロングホールのセカンドショット。グリーンまで残り260ヤードか

フェアウェイ左からのセカンドショット。グリーンまでは残り260ヤードで打ち上げ。ホールの右には林やOBゾーンがあり警戒が必要。3Wでナイスショットするとグリーンエッジに届くかどうか、という状況。

コースリーディングをしたら……

セカンドショットだが、ホールセンターラインからみるとセカンド地点が左にあるので、フェードの状況といえる。打ち上げという要素が入るため、そこがカギになる。

どのプレーコールを選ぶ？

① 3Wで2BOXのフェード。左のバンカーを向いて打ち、花道へと球を入れていく

② 3Wで1BOXのストレート。狙いはグリーン一直線

③ 5Wでフェアウェイセンターを狙って、レイアップ

④ 4I、5Iでフェアウェイセンターを狙って、レイアップ

HOLE No.8
544y
Par5
セカンド地点

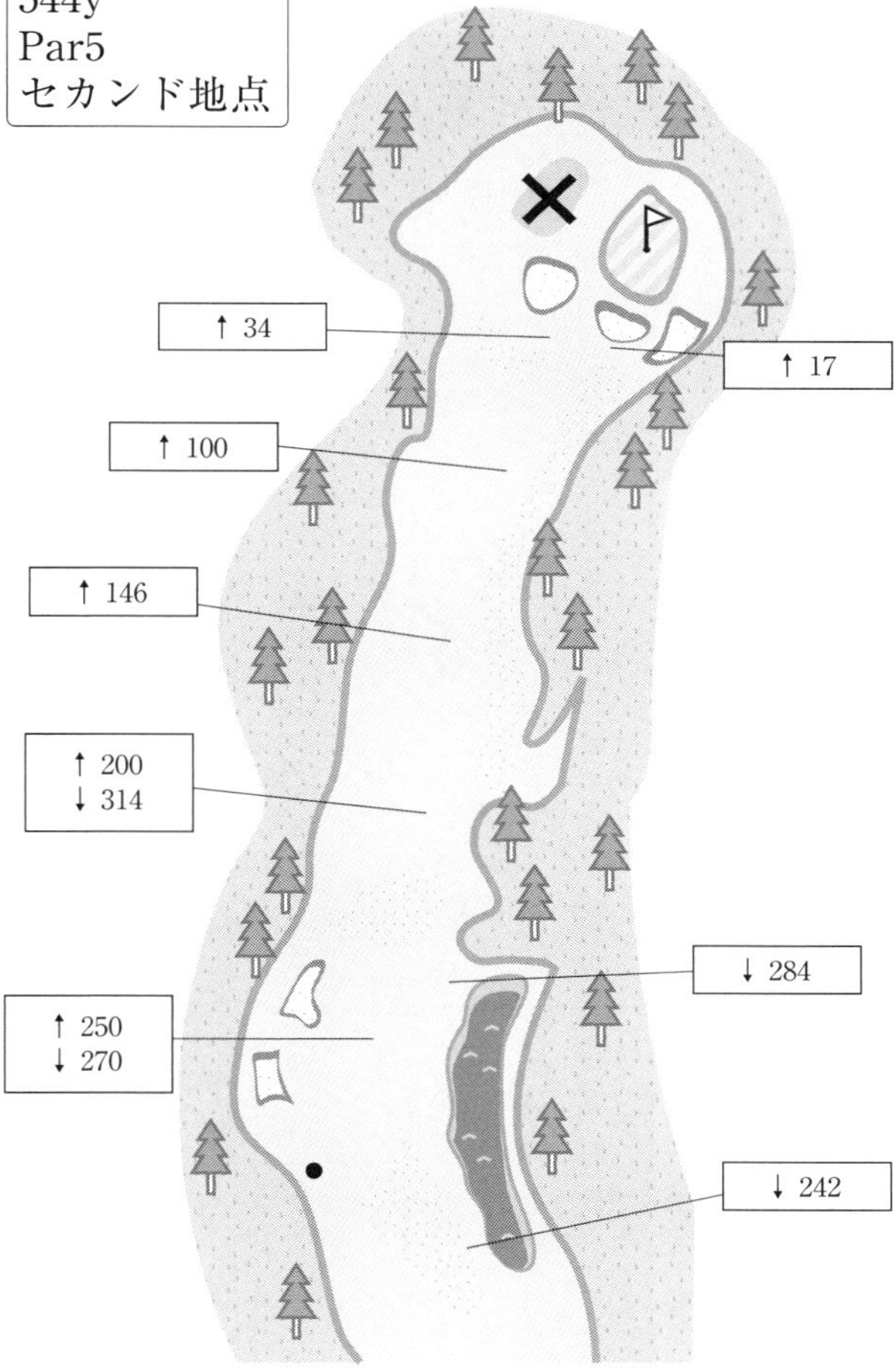

case 6

池越えか、レイアップか。安全さを求めつつ攻めるには

右ドッグレッグのミドルホール。ティグラウンドは池を向いているが、やや打ち下ろしなので池は1Wでどうにか越えられる位置。

コースリーディングをしたら……

池越えする場合は、ホールセンターラインよりティグラウンドが右にあるドッグレッグと考える。池の横に刻むなら、ホールセンターラインよりティグラウンドは左にあることになる。中盤にさしかかったので、ここまでの流れを見極めてプレーしたい。ホールに対して緩やかに球を入れられる球筋がカギになる。

どのプレーコールを選ぶ？

①左にティアップし、1Wで2BOXのフェード。ターゲットラインが池の左端になるようBOXを設定し、池の先のフェアウェイ狙い

②右にティアップし、1Wで1BOXのストレート。池を越えた先のフェアウェイ狙い

③右にティアップし、5Wでフェアウェイ右サイドを狙って1BOXでプレー

④真ん中にティアップし、5Wでフェアウェイ中央を狙って1BOXでプレー

HOLE No.11
379y
Par4

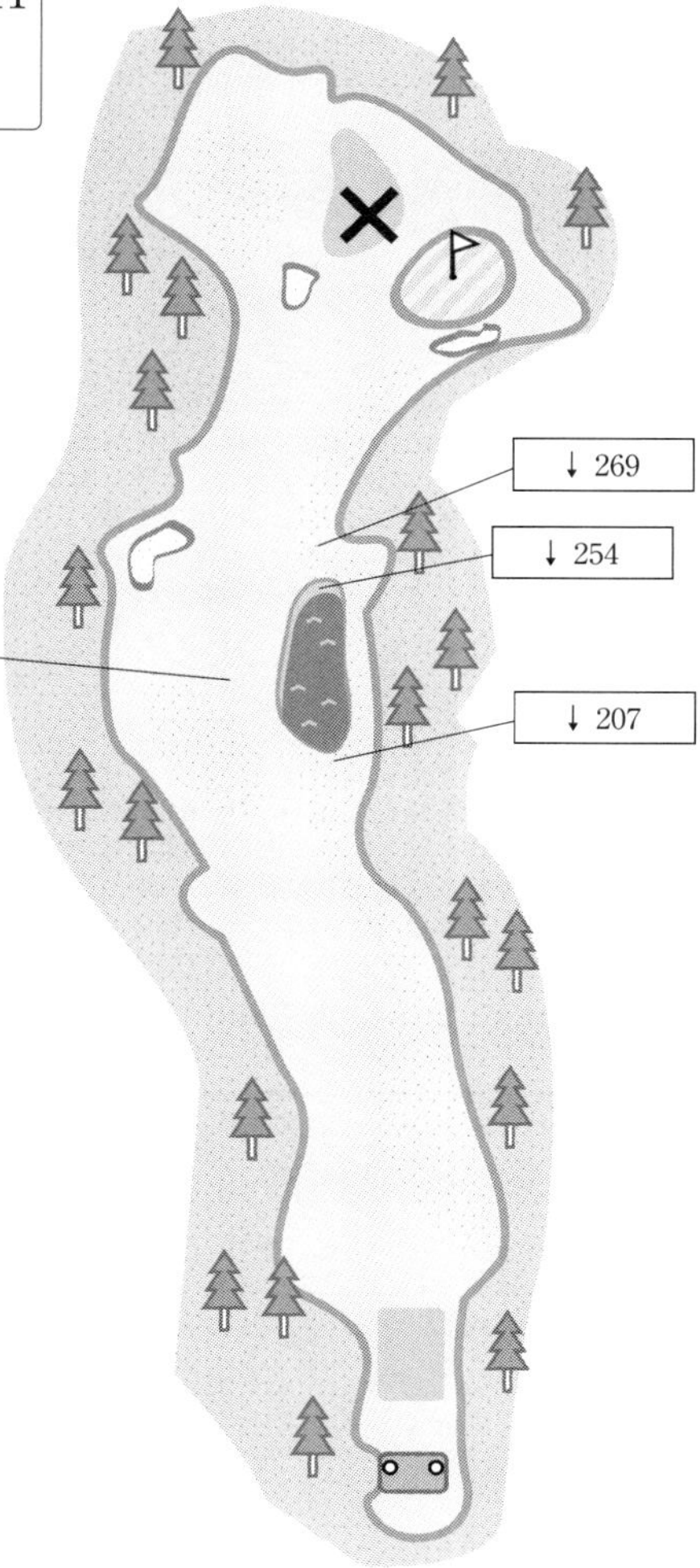

case 7

短めのミドルホール。刻むにしても何番を使うか

距離の短いミドルホール。右の林がせり出していて、ホール右側はブラインド気味。ただその先のフェアウェイは広いので思い切り打てる。バンカーまでは262ヤードなので、1Wでナイスショットするとつかまってしまうかもしれない。

コースリーディングをしたら……

ホールセンターラインに対してティグラウンドの位置が右で、ズレも大きく、見かけよりドッグレッグが強い。ティマークの向きはフェアウェイ中央で、特に注意する点はない。ただ、若干の打ち下ろしになっている。

どのプレーコールを選ぶ？

①左にティアップし、3Wで2BOXのフェード。狙いはバンカー手前

②真ん中にティアップし、5Wで1BOXのプレー。狙いはフェアウェイ中央、230ヤード地点あたり

③真ん中にティアップし、アイアン型ユーティリティで1BOXのプレー。狙いはフェアウェイ中央、220ヤード地点あたり

HOLE No.14
355y
Par4

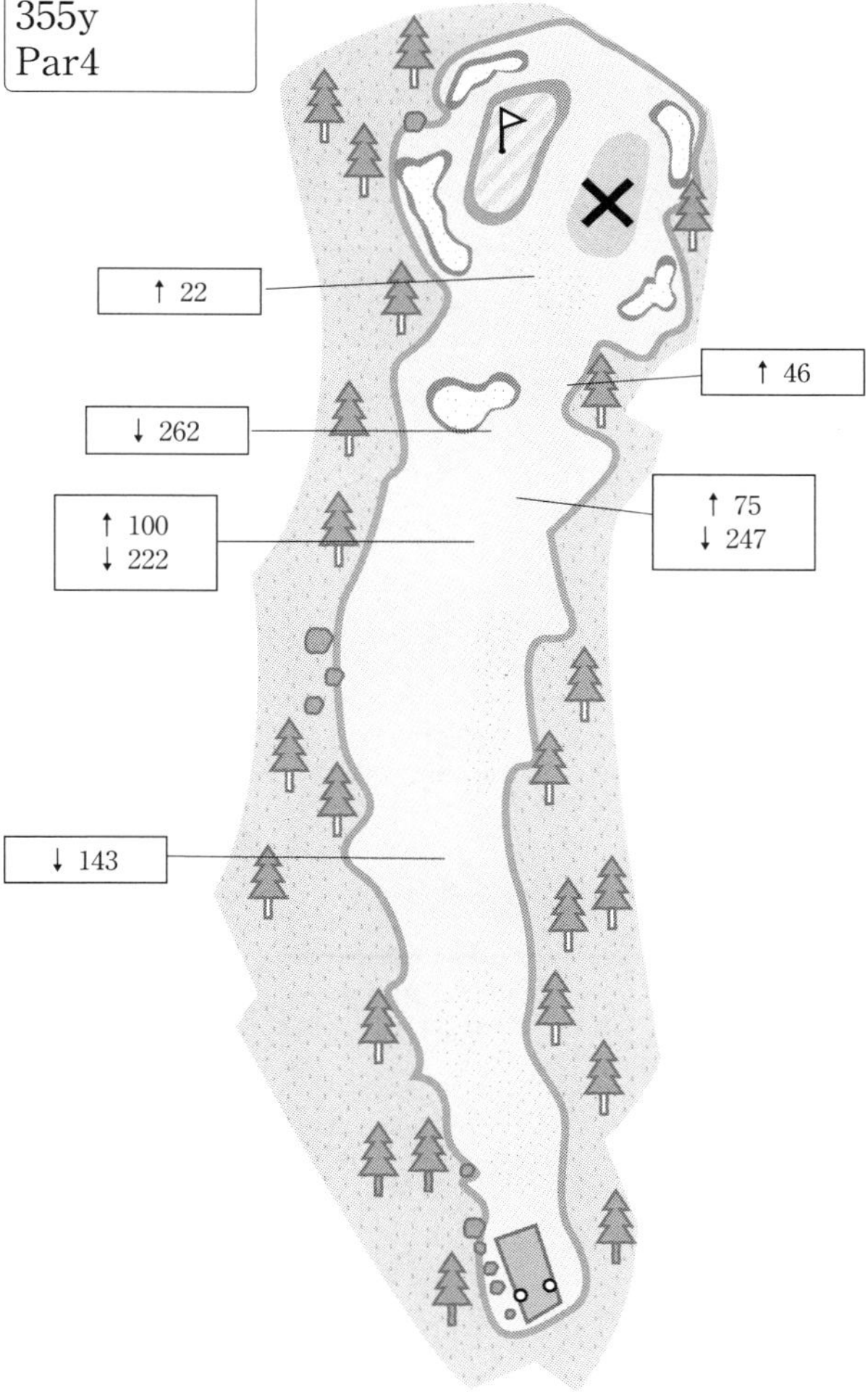

case 8

ずいぶん打ち下ろしてるので番手で迷ってしまう……

距離が長く、かなり高低差のある打ち下ろしのショートホール。フェアウェイ左サイドは林がせり出しているうえ、OBも近く、かなりの危険を感じるホール。ガードバンカーもあるので、全体的に難易度は高い。

コースリーディングをしたら……

ティグラウンドは二つのグリーンの間を向いている。左のグリーンがターゲットなので、ティグラウンドは右にあるといえる。このことから、原則としてはドローのホールだが、高低差のある打ち下ろしという点がカギ。

どのプレーコールを選ぶ？

①左にティアップし、4Iで1BOXのプレー。狙いはピンデッド。方向性重視のコントロールショットで打つ

②真ん中にティアップし、5Iで1BOXのプレー。狙いはグリーンセンター。ふだん通りのノーマルショットで打つ

③右側にティアップし、6Iで1BOXのドロー。狙いはグリーン右はじのラインからしっかりとボールをつかまえたフルショットで打つ

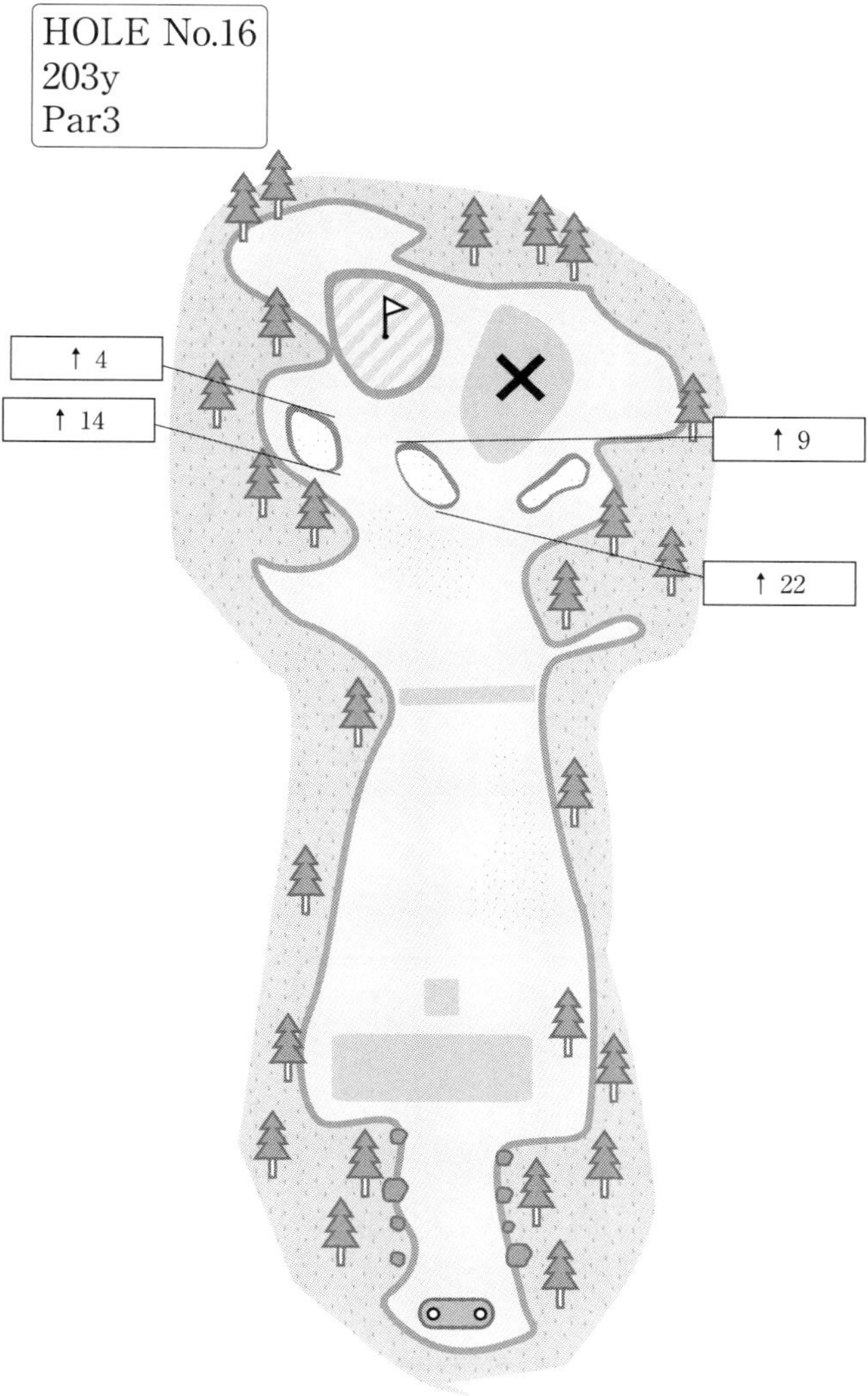
HOLE No.16
203y
Par3
↑ 4
↑ 14
↑ 9
↑ 22

case 9

最終ホール。2オンを狙っていきたいけど……

ストレートなロングホール。フェアウェイ左手は全体的にそれほど広くない。293ヤード地点にクロスバンカー、グリーンの左手前に池があり、2オンを狙うにはかなり精度の高いショットが必要。

コースリーディングをしたら……

ホールセンターラインから見て、ティグラウンドは左にあり、ズレは小さめ。ティマークの向きはほぼフェアウェイ中央。原則的には2BOXのフェードのホール。打ち下ろしなどの要素は考えなくてよい。

どのプレーコールを選ぶ？

①左にティアップし、肩のラインを林に向け、1Wで2BOXのフェード。フェアウェイ左サイドに打ち出す

②真ん中にティアップして、肩のラインをバンカーの右にし、1Wで1BOXのプレー。狙いはフェアウェイ中央

③右にティアップし、肩のラインをフェアウェイ中央に向け、1BOXのドローでプレー。フェアウェイ右サイドに打ち出す

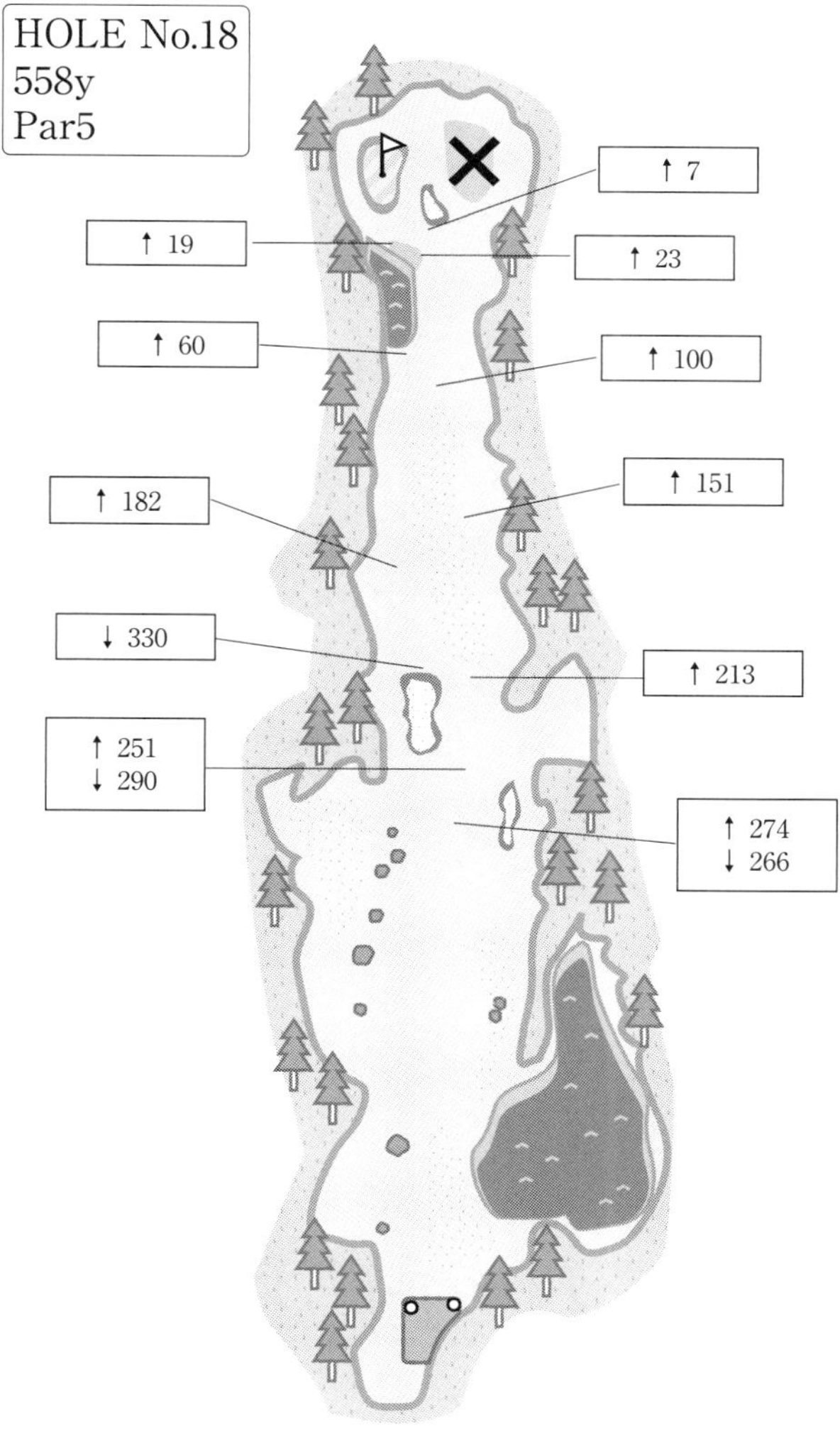
HOLE No.18
558y
Par5
↑ 7
↑ 19
↑ 23
↑ 60
↑ 100
↑ 182
↑ 151
↓ 330
↑ 213
↑ 251
↓ 290
↑ 274
↓ 266

【正解と解説】

◆CASE1

①=○　2BOXのフェードでフェアウェイ左からセンターに球を入れていく。ただし、右のバンカーに入ってもOKという気持ちでプレーし、左へのミスを防ぐ。

②=○　1BOXのドローでフェアウェイ右から球を入れていく。3Wならバンカーには届かず、フェアウェイ左を広く使える。

③=×　1BOXのドローでフェアウェイ中央を狙うと、本能的に右のバンカーを嫌って、引っかかるおそれが高い。右と左のリスクに対する認識が不足している。

◆CASE2

①=○　3Iの距離はおよそ210～215ヤード。フェードを打つので距離は落ちるが、その分ピンに寄って短い距離のバーディパットが打てる。仮にストレートになって

もグリーンセンターに乗る。
②=◯　これがもっとも素直なショット。しかし4Iでピンの左に素直に打つ場合、ナイスショットをしてもピンの左につくことになるので、距離のあるバーディチャンスになる。当たりが悪くても左手前の花道なのでパーセーブしやすい。
③=×　ショートウッドはつかまりのよいクラブ。フェードを打つのには適していない。

◆CASE3
①=◯　肩のラインが左の崖方向を向くが、その違和感を克服して持ち球のストレートフェード狙い。左の崖より右のバンカーのほうがよい。
②=◯　ティグラウンドのすぐ右横にある林によって圧迫感があるが、そのプレッシャーに負けず右に打ち出せれば3Wなのでフェアウェイ左を広く使える。
③=×　打ち下ろしで右側の林からの圧迫感もあるので、3Wによるフェアウェイセンター狙いは引っかけのミスが出やすい。左の崖が最悪の結果。

◆CASE4

①=○　180ヤードは本来6番アイアンの距離だが、フェードなので5番アイアンを選択するのが正しい。

②=×　せり出した林が気になるからと、左にティアップしてピンデッドに狙うと、ティマークに対して斜めを向くことになる。ティグラウンドも左のサブグリーンを向いているので、斜めに狙う難しさが倍増する。また斜めに構えることで、肩の向きとボール位置が微妙にズレてシャンク、ダフリ、トップなどを誘発する。

③=◎　右から林がせり出しているが、6Iなのでまったく気にしなくてよい。右にティアップして1BOXのプレーなら極めてシンプル。バーディチャンスにつけられる可能性が高い。

◆CASE5

①=◎　打ち上げでフェアウェイ左側。2BOXのフェードにフィットする状態だ。

②=×　残り距離だけを見て3Wで打つのは考えもの。また1BOXのストレートだと、

斜めを向かなければならない。さらに打ち上げなので右にボールが飛びやすいので、ホール右側の林やOBゾーンへ飛んでしまうリスクが高い。
③＝×　打ち上げだからといって、左サイドから打つ状況で、左に飛びやすい5Wを持つと引っかけてしまう可能性大。
④＝◯　レイアップするなら、4～5番アイアンのクラブ特性を使い、引っかけて左に飛ぶというリスクを減らしつつ、フェアウェイセンターを狙う。

◆CASE6
①＝◎　右ドッグレッグに2BOXのフェード。この狙い方がもっとも緩やかに球を入れられる。
②＝×　ボール落下地点は右上がりのレダンタイプなので、左右へのわずかな曲がりがミスになる。
③＝◯　肩のラインがフェアウェイ左に収まり、5Wの特性を生かしてホールをもっとも広く使えることになる。

④＝×　肩のラインが左のラフにはみ出すので、５Wの特性を考えると、左へのミスが出る確率が高くなってしまう。

◆CASE7

①＝×　緩やかに球を入れられるが、斜めを向く要素が入ってしまう。またティグラウンドの右には林があり、打ち出しが狭いため、それに反応してボールをつかまえにいくと、３Wなので予想以上に左へ大きく曲がる可能性が高い。

②＝×　ホールに対してもっとも急な角度でボールを入れることになる。また、左に飛びやすい打ち下ろしのホールで、同じく左に飛びやすい５Wを持つのは考えもの。

③＝◯　この狙い方が、クラブ特性を考えるともっとも緩やかにボールを入れられる。また、グリーンが縦長で横幅がないため、セカンドはフェアウェイから打ちたい。となると、きっちり刻めるアイアンを選択するのが賢明。

◆ＣＡＳＥ８
①＝×　肩のラインが左の林を向くことになる。つまり左車線から左車線にあるターゲットを狙うことになるため、非常にリスクが大きい。さらに、ホールの左サイドはＯＢなどもあるため危険。
②＝×　真ん中の車線から左車線へとハンドルを切ることになり、左サイドの危険ゾーンに近づいていくことになる。
③＝◎　この狙い方なら、左の危険ゾーンへ近づかず、ピンに絡む可能性が高い。６番アイアンは通常なら１８０ヤードだが、打ち下ろしのうえ、フルショットのドローなので２０３ヤードは十分に届く距離。仮に届かなくても、右フロントエッジ。

◆ＣＡＳＥ９
①＝○　安全だが、肩のラインがクロスバンカーの左にある林を向くので、その違和感を克服するのがポイント。ナイスショットになれば2オンが狙える位置までくる。
②＝×　この狙い方は一見安全そうだが、ホールセンターラインの左側から左を嫌った

結果なので、右向きの対角線が強くなり、右プッシュかチーピンになる可能性が高い。
③＝◎　２オンを狙うなら、この狙い方がもっとも確率が高い。１ＢＯＸで弾道がドローということは、必然的に飛距離が出て、バンカーの右横あたりまで飛ぶ可能性がある。ただ、プレーヤーはフェードが持ち球なので、ドライバーでドローが打てるかがカギ。

今回のゲームでのベストパフォーマンスは以下の通りです。

スタート後パーを重ねてニュートラルをキープ。Ｃａｓｅ４のバーディでオフェンスに突入し、Ｃａｓｅ５のバーディで１点獲得。その後もパーを重ねて、Ｃａｓｅ６、Ｃａｓｅ８、Ｃａｓｅ９とバーディ。５バーディ・ノーボギーでホールアウト。スコアは４対０で完勝となります。逆にワーストプレーはＣａｓｅ１をボギーとしていきなりディフェンスに転じた後、設問のすべてが「×」だと０対８のスコアで敗戦となります。ディフェンスからバーディでサイドをオフェンスに戻せたとしても、またボギーでディフェンスになってしまうことも多く、結果的には０対２くらいのスコアで負けてしまった方が多かったのではないでしょうか？

付録　BOX　PLAY　BOOKの使いかた

ティグラウンドからクロスバンカーまでの距離、セカンド地点からグリーンエッジまでの距離、グリーンの傾斜や芽の向きなどを記入する冊子をヤーデージブックといいますが、ここでは、ラウンド時に使用できるオリジナルの「BOX　PLAY　BOOK」を紹介します。

これは、コースリーディングの結果どこにBOXを設定するか、どんなクラブを選択するか、何ヤード打つかといったことを書き込んで使用するものです。211ページにある未記入の「BOX　PLAY　BOOK」をコピーしてお使いください。

次ページを例に、BOX　PLAY　BOOKの使い方を説明していきます。

この場合、「5番ホール、215ヤードのパー3で、ティグラウンドからフロントエッジまで198ヤード、エッジからピンまでが7ヤード、ピンまでのトータル距離が205ヤード、風は8時の方向からフォロー、オフェンスモード」という状況でのプレーです。

この状況を受けて、クラブは4番アイアンを選択。通常4番アイアンの飛距離は200

ヤードですが、フェードで打つため195ヤードになります。グリーンエッジまでは198ヤードあるためこのままでは届きませんが、フォローの風に乗るぶん5ヤードキャリーが出て、200ヤード地点に着弾するイメージです。ピンの位置は●印、ショット後、ボールが止まった位置は×印です。

下の7本の線がBOXを表しており、左から2本目、3本目、4本目に線を上書きしているので、2BOXのフェードのプレーということになります。

そして下段の枠に結果を記入します。1打目（パー3なので）が208ヤードキャリーし、ランが7ヤード出て、トータル215ヤードのショットになり、ピンの奥10ヤードのところにオンしたということを表しています。つまり、思った以上にフォローの風が強く、イメージしていたよりもキャリーが出てしまったということを意味しています。

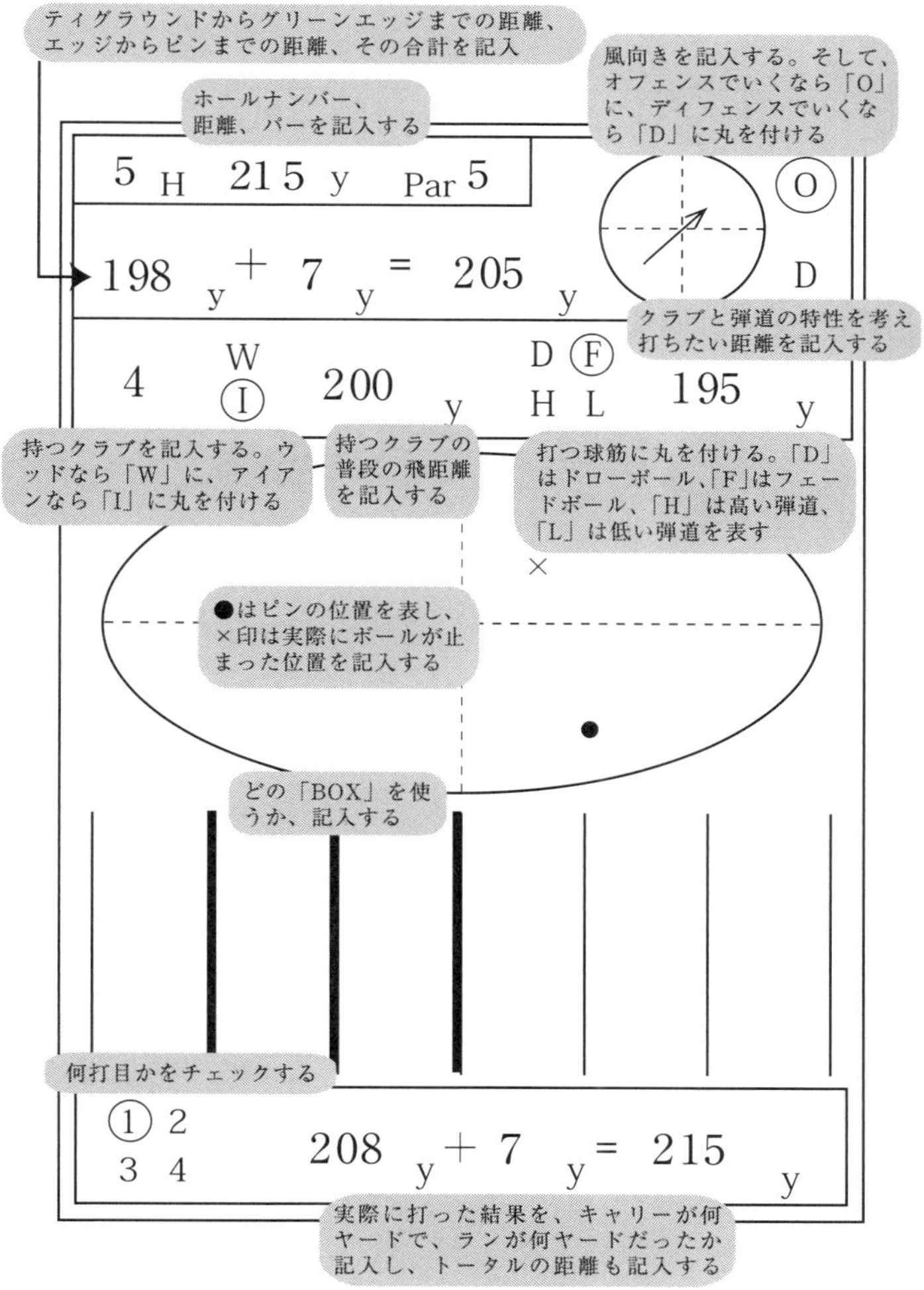

ティグラウンドからグリーンエッジまでの距離、エッジからピンまでの距離、その合計を記入
ホールナンバー、距離、パーを記入する
風向きを記入する。そして、オフェンスでいくなら「O」に、ディフェンスでいくなら「D」に丸を付ける
5 H 215 y Par 5
198 y + 7 y = 205 y
O
D
クラブと弾道の特性を考え打ちたい距離を記入する
4
W
I
200 y
D F
H L
195 y
持つクラブを記入する。ウッドなら「W」に、アイアンなら「I」に丸を付ける
持つクラブの普段の飛距離を記入する
打つ球筋に丸を付ける。「D」はドローボール、「F」はフェードボール、「H」は高い弾道、「L」は低い弾道を表す
●はピンの位置を表し、×印は実際にボールが止まった位置を記入する
どの「BOX」を使うか、記入する
何打目かをチェックする
1 2
3 4
208 y + 7 y = 215 y
実際に打った結果を、キャリーが何ヤードで、ランが何ヤードだったか記入し、トータルの距離も記入する

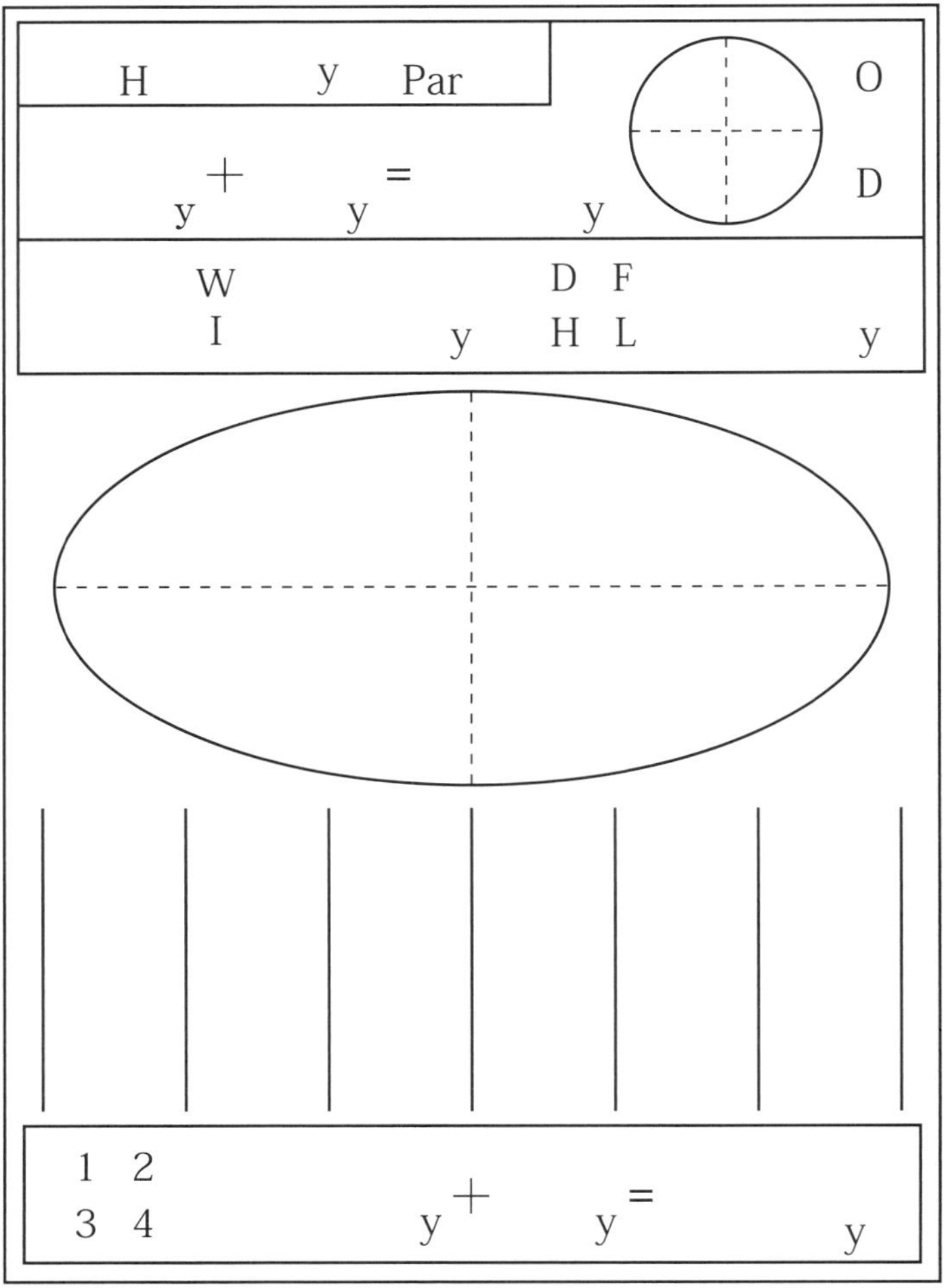

H y Par
y + y = y
O
D
W
I y
D F
H L y
1 2
3 4
y + y = y

おわりに

「再現性の高い、メカニカルなスイングを手に入れたい――」

これはゴルファーなら誰しも思うことでしょう。しかし、仮にそれが手に入ったとしても、思い通りのプレーができるとは限りません。

なぜなら、ゴルフは「誰が一番メカニカルなスイングができるか」を競うスポーツではなく、コースという舞台を相手に、いかにしてゲームを組み立ててどうスコアにつなげていくかを競うものだからです。

つまり、コースが求めているものが何なのかを読む力は、ゴルフにとって欠かすことのできない重要なファクターなのです。

本書を手に取ったあなたは、その重要なファクターを手に入れたのです。これからは、思い通りのゴルフ、快いゲームがあなたを待っています。

今まで以上に、フェアウェイでの悦びを味わってください。

永井　延宏

人生の活動源として

いま要求される新しい気運は、最も現実的な生々しい時代に吐息する大衆の活力と活動源である。

文明はすべてを合理化し、自主的精神はますます衰退に瀕し、自由は奪われようとしている今日、プレイブックスに課せられた役割と必要は広く新鮮な願いとなろう。

いわゆる知識人にもとめる書物は数多く窺うまでもない。

本刊行は、在来の観念類型を打破し、謂わば現代生活の機能に即する潤滑油として、逞しい生命を吹込もうとするものである。

われわれの現状は、埃りと騒音に紛れ、雑踏に苛まれ、あくせく追われる仕事に、日々の不安は健全な精神生活を妨げる圧迫感となり、まさに現実はストレス症状を呈している。

プレイブックスは、それらすべてのうっ積を吹きとばし、自由闊達な活動力を培養し、勇気と自信を生みだす最も楽しいシリーズたらんことを、われわれは鋭意貫かんとするものである。

—創始者のことば— 小澤和一

ゴルフ　コース戦略《せんりゃく》の超《ちょう》セオリー　青春新書 PLAYBOOKS

2008年４月15日　第１刷
2013年５月31日　第５刷

著　者　永《なが》井《い》延《のぶ》宏《ひろ》

発行者　小澤源太郎

責任編集　株式会社プライム涌光
電話　編集部　03(3203)2850

発行所　東京都新宿区若松町12番１号　〒162-0056　株式会社青春出版社
電話　営業部　03(3207)1916　振替番号　00190-7-98602

印刷・中央精版印刷　製本・フォーネット社

ISBN978-4-413-01888-3